MANUAL DE ESTILO DE TVE

MANUAL DE ESTILO DE tve

Salvador Mendieta

Prólogo de Fernando Lázaro Carreter

Obra supervisada por Valentín García Yebra,
de la Real Academia Española

EDITORIAL LABOR, S.A.

Cubierta:
Jordi Vives

RTVE:
 Dirección editorial: Luis Rubio Gil
 Secretaría: Ángeles Ana Rodríguez Díez
 Coordinación: Juan José Mardones, Director Artístico y de Diseño, TVE
 Han colaborado: en el apartado «Términos y expresiones jurídicos»,
  José María Torre Cervigón; en el apartado «Términos y expresiones
  de otras lenguas españolas: Catalán», Magí Camps Martín

Primera edición: abril 1993
 Primera reimpresión: abril 1993

ISBN: 84-335-3529-3
Depósito Legal: B. 16.348-1993

Printed in Spain – Impreso en España
Impreso en Talleres Gráficos Duplex
Ciudad de Asunción, 26, int. letra D
Barcelona

ÍNDICE

III. TÉRMINOS FRECUENTEMENTE MAL EMPLEADOS O CUYA APLICACIÓN OFRECE DIFICULTAD

IV. APÉNDICES

DENOMINACIONES

TRATAMIENTOS Y PREFERENCIAS EN ACTOS Y VISITAS OFICIALES

PRONUNCIACIÓN CORRECTA

SIGLAS Y ACRÓNIMOS

PRESENTACIÓN

Manual, palabra inicial del título de esta obra, tiene en sí ya el primer entrañable significado de lo «que se ejecuta con las manos»; manual es también, según el Diccionario de la Academia, «libro en que se resume lo más sustancial de una materia». Y eso es lo que ha realizado Salvador Mendieta, periodista, gran profesional de TVE.

Para mí, como Director General de RTVE y en cierto aspecto uno de los responsables de cómo se habla hoy en nuestras tierras, es una satisfacción dedicar estas líneas a encabezar una obra que, en su buscada modestia, no sólo considero útil, sino imprescindible desde la perspectiva de una televisión pública.

Cierto que la Real Academia Española y los grandes autores en lengua española tienen sus campos y cotas de responsabilidad en el hablar y escribir de nuestras gentes, de nuestros compatriotas. No menos cierto es, sin embargo, que no se les escucha lo suficiente —más bien todo lo contrario— y no se atiende la gramática, ni se practica el sabio hábito de lectura con la dedicación que cabría esperar de un país, que, por otro lado, está alcanzando elevadas cotas de desarrollo económico y social. Quizá somos muchos los responsables del uso y deterioro de la lengua española, pero creo que quienes redactan para televisión y hablan en ella tienen ya multiplicado el coeficiente de esa responsabilidad.

La penetración de la televisión sigue siendo, en imágenes y palabras, factor decisivo entre los instrumentos educativos de nuestro tiempo. El número de horas que dedican a la televisión niños, muchachos y mayores y, lo que es más importante, la atención que ponen en el seguimiento de las imágenes y la asimilación profunda de las palabras que las acompañan, hacen que la televisión sea sin duda el primer foro docente de nuestra hora. Como tal, su trascendencia es inmensa para la lengua; por eso, el buen hacer ante la cámara, la correcta expresión gramatical que debe acompañar y enmarcar la imagen, resultan criterios ineludibles para quienes asumen la significativa tarea de escribir y hablar para televisión y desde la televisión.

Este manual no sólo resume lo sustancial de esta materia, sino que permite también, como indica asimismo el Diccionario, hacer de él un libro, un cuaderno que sirva para hacer acotaciones que nos ayuden a cuantos hacemos televisión, a mejorarnos día a día en el uso del lenguaje, de la lengua española.

JORDI GARCÍA CANDAU
Director General de RTVE

PRÓLOGO

No podría asegurar que sea la televisión el medio más influyente idiomáticamente: tal vez lo supere la radio, con su permanente presencia en hogares, talleres y automóviles. En cualquier caso, el influjo del televisor es enorme, y siempre será escaso el cuidado que se ponga en la forma de lo que por él se emite.

Y ello, no por simples razones estéticas: la lengua es lo que nos une a la inmensa comunidad de los hispanohablantes; la pertenencia a ese conjunto de pueblos resulta fundamental para nuestra presencia en el mundo. Mantener la unidad lingüística es deber de ciudadanía que no podemos soslayar. Las erosiones que el idioma recibe la minan y pueden ponerla en peligro.

Por otra parte, siendo la comunicación el fin esencial que persiguen los medios, no debe obstaculizarse con maneras de expresarse que la dificultan, bien porque chocan, bien porque resultan incomprensibles. A esa función, televisión, radio y prensa añaden el deber de contribuir a elevar la calidad intelectual del país, dando ejemplo de expresión sencilla y variada pero rigurosa.

Tal vez sienten algunos informadores la tentación de acreditarse mediante maneras no habituales de hablar o de escribir. No es buen camino: la personalidad no se muestra deformando o tergiversando el material común, sino utilizándolo de manera inteligente: el hábito no hace nunca al monje.

Es necesario que los medios de comunicación presten una atención primordial al lenguaje. De que esto ocurre son prueba los libros de estilo que se han publicado en los últimos años, o están en marcha. Es de esperar y de desear que los informadores correspondan a ese esfuerzo haciéndoles caso. Aunque disientan de soluciones que tales libros propugnan: vale más el acuerdo que la disensión, porque ésta conspira contra la unidad.

El ideal sería la elaboración de unos acuerdos idiomáticos comunes a todos los medios de difusión, los cuales no tendrían por qué dificultar las diferencias de estilo entre los diversos medios: con una sola baraja pueden jugarse juegos muy distintos, incluido el solitario. Para ello, sería de la mayor importancia la colaboración entre los periodistas, que tienen hoy el poder idiomático, y la Academia, que tal vez posee la autoridad (y que no propugna el «estilo académico» que, como tópico descalificador, se le atribuye). La Corporación se propone trabajar en ello, apenas otros quehaceres de máxima urgencia se lo permitan.

He examinado con mucha complacencia este *Manual de estilo de TVE* que ha compuesto Salvador Mendieta Torres, y lo encuentro sumamente adecuado al fin que se propone. No he hallado objeciones importantes que oponerle. Creo que harán bien sus destinatarios en leerlo con atención, en consultarlo a menudo y en seguir sus recomendaciones (insisto: aunque disientan de alguna). Ojalá se perciban pronto sus frutos, y que el lenguaje de televisión pueda convertirse algún día en canon del idioma como ocurre en otros países.

FERNANDO LÁZARO CARRETER
Director de la Real Academia Española

I. LENGUAJE Y ESTILO EN TELEVISIÓN

El redactor de televisión no elige a la audiencia; se dirige a personas desconocidas, de toda clase y condición, y debe esforzarse por usar un lenguaje que pueda ser entendido por todos. Su forma de expresión estará a mitad de camino entre el lenguaje académico y el habla popular; será sencilla, clara y exenta de neologismos, extranjerismos y vocablos de cualquier jerga.

La presencia de la imagen no debe ser pretexto para el descuido en el lenguaje, por más que la imagen sea un condicionante de la palabra y le imponga un ritmo que no conoce la prensa escrita.

Las peculiaridades del lenguaje televisivo exigen el abandono consciente de los hábitos del periodismo propio de los periódicos y de las agencias de prensa.

La retórica no tiene cabida en este modo de comunicación, destinado preferentemente a la intimidad de los hogares, y debe proscribirse sobre todo de los programas informativos.

EL ESTILO. Cualidades

1. Concisión. La información televisiva exige del redactor el esfuerzo necesario para concentrar en pocas palabras las ideas, sin menoscabar por ello la claridad del mensaje.

La concisión no equivale al laconismo, ni a la que podría denominarse «expresión telegráfica». El lenguaje conciso elimina de la frase los elementos innecesarios. Pero esto no significa que deban suprimirse las partes de la oración que sirven de nexo, ya que, en tal caso, el estilo adolecería de oscuridad y aridez.

Obsérvese, además, que la concisión no significa propiamente la abreviación de las frases. Es conveniente, porque contribuye a la claridad del mensaje, usar frases cortas. Pero una serie de frases breves encadenadas puede resultar monótona. El ideal sería combinar las frases cortas y largas de modo que el conjunto resultase armónico.

En síntesis, podríamos sugerir que la concisión es el arte de eliminar lo superfluo. Cuando se escribe deprisa, suelen emplearse elementos (adjetivos, oraciones subordinadas, etc.) que una lectura posterior (siempre conveniente) aconseja eliminar.

2. Claridad. La frase diáfana y el orden en el relato contribuyen al buen entendimiento de la información.

El mensaje queda en ocasiones oscurecido por la yuxtaposición de elementos sin orden ni concierto.

Baste un solo ejemplo, tomado de un *Telediario*:

> *En unos ocho mil edificios de la Administración Central y orga-nismos autónomos se ha comenzado a desarrollar un programa de ahorro energético en un sector tradicionalmente gran consumidor de energía. El objetivo de esta campaña, iniciada por el Gobierno y varios ministerios y colegios públicos, es reducir considerablemen-te la cifra de 30 000 millones de pesetas que anualmente se gasta la Administración en sus edificios.*

Tal vez no cabe más inútil complejidad informativa. Poniendo albarda sobre albarda, esto es, acumulando con escaso orden ele-mentos noticiosos, la información resulta reiterativa e inflada. ¿No habría sido más fácil y claro escribir: *El Gobierno ha puesto en mar-cha una campaña mediante la cual pretende rebajar el gasto de ener-gía en unos 8000 edificios públicos, que invierten anualmente por este concepto 30 000 millones de pesetas?*

3. Sencillez. Siempre será preferible una frase con los elemen-tos estrictamente necesarios a otra más complicada.

Debe evitarse la complejidad, ya provenga de la introducción de incisos, ya del empleo del hipérbaton. Los primeros, además de rom-per la unidad del período, pueden hacer que se pierda el hilo del pen-samiento. El segundo puede desorientar al telespectador.

La simplicidad de la construcción sintáctica no produce necesa-riamente monotonía, si se procura combinar bien los períodos cortos y largos, de modo que el conjunto adquiera cierta armonía.

Los complementos han de ir colocados en el lugar que les corres-ponde. Si se dice, por ejemplo: *Voy a clasificar los cromos que me has regalado por países*, se separa indebidamente el complemento *por países* del verbo correspondiente, *clasificar*. En ocasiones, esta inco-rrección puede incluso alterar el sentido de la frase y, como conse-cuencia, desorientar al telespectador.

¡Cuidado con la metáfora! No son los *Telediarios* los programas más indicados para acoger esta figura literaria, ya que en ellos debe predominar la sencillez y el lenguaje directo. Pero, sin cerrar del todo la posibilidad de usarla con discreción en tales espacios, la metáfora debe reservarse preferentemente para los programas de análisis de la actualidad, más largos y reposados.

No deben emplearse figuras gastadas, que restan brillantez y originalidad al estilo. Decir, por ejemplo (empleando una imagen de semáforo): *la mesa de portavoces HA DADO LUZ VERDE a la solicitud de creación de un comité* no es más acertado que decir: *la mesa de portavoces HA AUTORIZADO la creación de un comité.* Con el uso repetido, la expresión *dar luz verde* ha perdido su eficacia.

Metáforas, comparaciones e imágenes han de ser claras, sugestivas y originales. Si el redactor duda de que cumplan tales cualidades, es preferible que las eluda y opte por la frase sencilla y directa.

Deben evitarse, en general, las figuras retóricas que exigen a la audiencia un esfuerzo adicional para comprender el mensaje. Algunas de tales figuras, como la paradoja o la ironía, deben administrarse con tiento. La paradoja puede convertirse en charada; y la ironía, si no aparece con plena claridad la intención del redactor, puede producir un efecto contrario al que se pretende. La hipérbole ha de rechazarse de plano por la posibilidad de que menoscabe la objetividad de la información.

4. Concordancia. Buen número de errores puede evitarse cuidando la concordancia. Concuerdan en género y número: el artículo y el nombre, el sustantivo y el adjetivo; y, en número, el sujeto y el verbo.

Adviértase, sin embargo:

4.1. Los nombres colectivos se suelen considerar como singulares a efectos de concordancia: *la MAYORÍA votó el acuerdo*, a no ser que estén acompañados de un complemento en plural, pues en tal caso llevan frecuentemente el verbo en plural: *comenzaron a llegar GRAN MULTITUD de gamberros* o bien: *comenzó a llegar GRAN MULTITUD de gamberros.*

4.2. El artículo *el*, que se antepone a los sustantivos que comienzan por *a* tónica, aunque sean del género femenino (*el ancla*), no debe usarse cuando dicho sustantivo va precedido de un adjetivo: así, se escribe *la nueva ancla*, no *el nuevo ancla*.

4.3. No se anteponen a los nombres femeninos que comienzan con *a* tónica los demostrativos masculinos *este* o *aquel*, sino los femeninos *esta* o *aquella*. No se dice *este ancla* ni *ese alma*, sino *esta ancla* y *esa alma*.

4.4. Es incorrecto poner el verbo en plural cuando el sujeto está en singular y lleva un complemento en plural; por ejemplo: *La asistencia de tantos hombres y mujeres a su fiesta confirmaron su gran popularidad*. El sujeto es *la asistencia*, y el verbo debe ir en tercera persona del singular: *confirmó*.

5. Corrección. El telespectador no tiene de ordinario la posibilidad de repasar lo que oye (a no ser que lo esté grabando en vídeo, cosa poco frecuente en los programas informativos). Esta circunstancia exige al informador un esmero especial en la elección de su vocabulario, y le impone la obligación de repasar atentamente sus textos para corregir posibles errores. Además de eliminar los términos no admitidos por la Real Academia Española, debe poner empeño especial en usar las palabras apropiadas.

No es correcto, por ejemplo, decir:

Los contribuyentes podrán empezar a pagar la declaración de la renta en mayo.

Un redactor debe saber que no se paga *la declaración*. Lo que se paga es *la cuota*, cuando resulta positiva después de restar las deducciones y retenciones que correspondan. La declaración *se rellena, se presenta*...

Otro ejemplo:

Antes de finales de año, Hacienda va a subir el catastro.

Si el redactor supiera que el catastro es un censo de fincas rústicas y urbanas, se daría cuenta de que debería haber redactado la frase de otro modo. Porque lo que sube o baja no es el catastro, sino, por ejemplo, el número de fincas urbanas censadas, o los *valores catastrales*, que era de lo que se trataba realmente en este caso.

EL ESTILO. Vicios

1. Arcaísmo. Evítese el empleo de voces o frases anticuadas.

Se puede incurrir en este vicio con vocablos que designan cosas que han caído en desuso, o que ya no se emplean para designar cosas que todavía se usan.

El buen sentido del redactor será indispensable para saber elegir en caso de duda entre dos palabras, y para efectuar la oportuna consulta cuando lo considere aconsejable.

2. Barbarismo. Debe evitarse el uso de palabras impropias, y también el vicio de escribir o pronunciar mal las palabras o dar por legítimos vocablos de otras lenguas no incorporados plenamente a la nuestra.

Ejemplos de barbarismos: *cólega* (por defecto de acentuación), *bacalado* (por ultracorrección), *Aachen* (en lugar de su equivalente en español: *Aquisgrán*), *fraire* (por ser palabra anticuada), *exhuberante* (por falta de ortografía)

3. Extranjerismo. El empleo de vocablos tomados del francés, del inglés, del italiano, etc. es rechazable, ya obedezca a pedantería o a gusto por una moda determinada. Si el contexto exige el uso de alguna de tales palabras, convendrá añadir su significado o la equivalente en español.

Ha de extremarse la atención al adaptar determinados vocablos ingleses que, con mucha frecuencia, se traducen indebidamente por términos españoles de factura similar. Así: *emphatic* puede no ser igual a *enfático*, sino a *categórico*; *candid* no significa *cándido*, sino *sincero*; *sensible* no quiere decir *sensible*, sino *juicioso*; *consistent* no debe traducirse por *consistente*, sino por *compatible*.

A la incorrecta traducción de vocablos se ha unido últimamente el mal uso de algunas preposiciones. Se dice, por ejemplo, *consistir DE*, en lugar de *consistir EN*.

(Véase el epígrafe «Preposiciones», en el capítulo «Redacción y gramática».)

4. Cacofonías. El redactor debe examinar su texto, antes de someterlo a su jefe inmediato, para eliminar, entre otros defectos, la acumulación en un mismo párrafo o en párrafos contiguos de vocablos de terminación idéntica, que producen el efecto de una rima involuntaria.

Cacofonías como esta:

El grupo se opone a la creación de una comisión de investigación, que desempeñará la función de interrogar a los presuntos implicados...

son fácilmente evitables a poco que se someta el escrito a la revisión preceptiva. Bastaría en el ejemplo propuesto (no inventado) con sustituir varios términos por otros equivalentes, para evitar esa sensación desagradable:

El grupo se opone a que se forme un comité de investigación, que tendría el cometido de interrogar a los presuntos implicados...

5. Imprecisión. Un texto pierde rigor informativo si contiene abstracciones e inexactitudes.

Resulta relativamente frecuente la imprecisión en las referencias al número de personas o de cosas. Así, se dice: *hubo muchos manifestantes* o *cumplen muy pocos contribuyentes* o *han sido arrojados a la calzada muchos kilos de tomates.* Pero la objetividad de la noticia exige precisar cuántas personas se manifestaron, cuántos contribuyentes cumplen, o cuántos kilos de tomates han sido arrojados.

La inexactitud puede ser especialmente grave. Si se afirma que *X. X. ha sido acusado de varios delitos*, sin precisar cuáles, se puede incluso cometer una injusticia contra el presunto reo. Y si se escribe (como ha podido leerse): *un Tribunal de Nueva York ha absuelto a X. X. de fraude, estafa y otras acusaciones*, además de emplearse una palabra impropia (*acusaciones*), se sustrae al oyente un elemento clave de la información, al no determinar exactamente los cargos que se le imputan.

A veces, la imprecisión nace de la oscuridad del pensamiento, como puede apreciarse en el ejemplo siguiente:

El empleo se ha incrementado en 84 000 personas. Pero también aumenta en 81 000 el número de personas que se declaran como activas. Esto hace que el paro, de trimestre a trimestre, sólo haya descendido en 3000 personas.

El televidente, indefenso ante éste y otros desafueros informativos, se ve obligado a recurrir a otro medio para enterarse de la noticia.

Otros dos ejemplos pueden ilustrar sobre la falta de lógica o de sindéresis, si se quiere:

Un viento gélido se sumó a la angustia para acabar de torcer una noche que se planteaba de diversión (sic).

Abril ha empeorado la marcha de los precios, al subir el IPC un 0,3 por ciento, cuando el año pasado bajó ese mismo y los años anteriores tuvo un aumento mayor (sic).

Lo primero que tiene que hacer un redactor ante una noticia es entenderla. Si no la entiende, malamente podrá conseguir que la entiendan otros. Una vez entendida, debe procurar expresarla con absoluta claridad; y, después de redactarla, debe releerla para preguntarse si es o no inteligible.

Se puede caer también en el vicio contrario: la lógica apabullante, que convierte la proposición en una ingenuidad o una perogrullada. Véase este ejemplo:

Aunque de momento se mantienen los chubascos, serán menos frecuentes y caerán en menos lugares (y *mojarán a menos ciudadanos*, podría haber añadido el redactor para estropear definitivamente el párrafo).

6. Laísmo, leísmo, loísmo. Cuando se altera la función propia de *la*, *le*, o *lo* en la oración, se incurre en los vicios denominados laísmo, leísmo y loísmo. Las reglas que deben observarse para no caer en tales errores pueden consultarse en los manuales de gramática. Baste aquí con darlas resumidas.

6.1. *La* y *lo* pueden ser en la oración complemento directo, pero no indirecto.

Ejemplos:

Es incorrecto decir: *Me acerqué a ella y LA entregué un libro.* En esta frase, el complemento directo no es *la*, sino *un libro*. Y el complemento indirecto no debe ser *la*, sino *le*, aunque se refiera a un ser femenino. La frase correcta sería: *Me acerqué a ella y LE entregué un libro.*

Tampoco debe escribirse: *Analicé atentamente el proyecto y no LO encontré ningún error.* Lo correcto sería: *Analicé atentamente el proyecto y no LE encontré ningún error.*

6.2. En los ejemplos anteriores hemos podido apreciar que *le* desempeña la función de *complemento indirecto*. Pero, en más de una ocasión, se emplea indebidamente como complemento directo.

Ejemplo: *Cuando me referí a la carta, me dijo que LE había recibido.* La frase correcta es: *Cuando me referí a la carta, me dijo que LA había recibido.*

6.3. *Excepción.* La Academia admite el empleo de *le* como complemento directo cuando se refiere a personas del género masculino. Pero aun en este caso es preferible *lo*, por ser la forma etimológica del acusativo y la usada como complemento directo por la inmensa mayoría de los hispanohablantes.

Ejemplo: *Pablo no esperaba que LE llamaran a altas horas de la noche*. Es admisible esta frase; pero sería mejor: *... no esperaba que LO llamaran...* Es, en cambio, inadmisible: *María me pidió que LE esperara (a ella)*, porque ese *le* se refiere a una persona del género femenino.

7. Lenguaje de agencia. El llamado (con más o menos acierto) «lenguaje de agencia», formado de frases hechas y giros artificiales, no se ajusta al estilo directo de los informativos de televisión. Conviene extraer los elementos noticiosos de los despachos de agencia y redactar con ellos una nueva versión informativa, mucho más reducida de ordinario, y más acorde con las normas que rigen en este medio.

Cuando se trata de informaciones escritas en otro idioma, habrá que asegurarse de que la traducción es correcta; de otro modo, será más prudente esperar la versión de esa noticia que nos llegará sin duda de la agencia EFE.

En cualquier caso, se debe citar la fuente, con la expresión: *... según informa X. X.*, u otra similar.

8. Muletillas. Recuérdese que la muletilla, o expresión estereotipada y monótona, resta elegancia al lenguaje y no añade nada a la noticia.

Debe evitarse la repetición de expresiones como: *En otro orden de cosas, por otra parte, de otro lado, de alguna manera, no hay que olvidar, de cara a, a nivel de, de entrada, para empezar, pienso que...*
Ninguna de estas locuciones consideradas de modo aislado es incorrecta. Sin embargo, su uso excesivo desvirtúa su eficacia.

Algunas de ellas, como *en otro orden de cosas* o *por otra parte*, sirven de nexo entre dos párrafos. Pero nunca son imprescindibles, y siempre será más eficaz colocar un párrafo tras otro (sobre todo cuando tienen un orden lógico interno), sin más aditamentos.

9. Perífrasis. El lenguaje directo y sin artificios, propio del mensaje televisivo, casa mal con la perífrasis o el circunloquio, que complican inútilmente la frase y dificultan su comprensión.

Debe evitarse este vicio, que nace de la prisa o del descuido, cuando no de escasa valoración de las cualidades del estilo.

Es sin duda mejor, por ejemplo, decir sencillamente: *habrá tormentas*, que: *habrá que contar con fenómenos tormentosos*; mejor: *no tienen intención de criticar*, que: *no tienen intención de desarrollar actividades críticas*.

10. Repeticiones. No debe descartarse absolutamente la repetición de algún concepto que convenga inculcar, o de alguna palabra, sobre todo cuando la ausencia de sinónimos o la necesaria claridad de la información así lo aconsejen. Pero aun en este último caso conviene evitar la proximidad de los vocablos repetidos.

Fuera de estos supuestos, la reiteración de ideas y palabras produce en el telespectador una penosa impresión de descuido y pobreza de vocabulario.

El redactor procurará ordenar la información antes de redactarla, y evitará las repeticiones de vocablos utilizando sinónimos no rebuscados o dando un giro adecuado a la frase.

Orientaciones

1. Abreviaturas. Si en la prensa escrita se prohíben los nombres abreviados, con mucho mayor razón han de desterrarse en televisión, ya que su uso indiscriminado oscurece el mensaje que se desea comunicar a la audiencia.

Son aceptables, sin embargo, las abreviaturas ya consagradas por la costumbre, y de fácil comprensión para el espectador, así como los nombres abreviados de personas, puestos en circulación por ellas mismas.

Estas advertencias valen para los rótulos que aparecen en la pantalla y, de modo especial, para la información hablada.

2. Cifras. Su acumulación desorienta al espectador. Las cifras son de ordinario difíciles de retener, sobre todo cuando se ofrecen en conjunto y unas al lado de otras. Es, pues, conveniente ser muy parcos al incluirlas en un texto, y más aún cuando no van acompañadas de gráficos.

En los rótulos, la frase no debe comenzar nunca con una cifra, que sorprendería probablemente al espectador, sin conseguir informarle debidamente.

3. Condicional. Es frecuente su uso incorrecto; por lo tanto, se debe tener muy presente que el condicional puede emplearse en los siguientes casos:

3.1. En la oración principal de un período condicional cuya subordinada va en imperfecto o pluscuamperfecto de subjuntivo: *Si me lo pidieras, te lo daría*; *si me lo hubieras pedido, te lo habría dado.*

3.2. En ciertas expresiones de ruego o reproche: *¿Me permitirías pasar?*, *¿podrías prestar atención?*

3.3. Como expresión de la probabilidad referida al pasado: *Serían las nueve, cuando llegó mi amigo*; *tendría entonces unos cincuenta años.*

En cambio, es incorrecto el llamado *condicional de rumor*, para indicar un hecho dudoso o supuesto: *Según otras informaciones, el primer ministro habría sido detenido*; *el número de víctimas podría ser de 2000.* Tales giros, inspirados en la lengua francesa, son impropios de la nuestra.

4. Fórmulas de cortesía. Dejar a la improvisación los saludos, las despedidas, las excusas, etc. es arriesgado, ya que se puede caer en la vulgaridad o la pedantería.

Es frecuente el error de *pedir disculpas*. Disculpa no es otra cosa que «la razón que se da o la causa que se alega para excusarse». Por lo tanto, *pedir disculpas* sería tanto como decir: «pedimos una razón para excusarnos», lo cual evidentemente no tiene sentido.

Ha de decirse, pues: *pedimos perdón*, *nos disculpamos...*

Por otro lado, narrar el hecho en primera persona de singular (*yo he visto, yo he podido comprobar*), o plural (*hemos sabido, nos han informado*), no son fórmulas aceptables. El *yo* resulta petulante, y el «nosotros», pretencioso.

El «nosotros» suele usarse en los editoriales de la prensa diaria. Empleado en televisión, puede inducir a error al telespectador, haciéndole creer que lo que se le dice es la opinión de la empresa.

El hecho debe narrarse en tercera persona: «el corresponsal ha sido informado...».

Entre compañeros es normal el tuteo, pero no está justificada la excesiva camaradería ante las cámaras. La naturalidad y no la afectación debe presidir el diálogo, en el caso de conexiones, en múltiplex, etc. En cambio, el *usted* será la fórmula general en el trato con otras personas, con ocasión de entrevistas, etc., siempre que no sean niños o jóvenes.

Para presentar a los reporteros, los enviados especiales, los corresponsales, etc., tan reprobables son las fórmulas vulgares: «Nos lo cuenta X. X. desde Bruselas», como las complicadas: «De la mano de nuestro corresponsal, salimos al exterior donde la actualidad habla de replanteamientos de relaciones entre los que ayer conocíamos como bloques europeos» (sic).

5. Nexos. En los programas informativos, es aceptable, con tal que no resulte forzada ni monótona, la sucesión de dos o más noticias semejantes:

Un tifón barrió ayer el litoral de Bangla-Desh... A la misma hora, un huracán arrasaba la costa oriental de Florida... Día de catástrofes. Perú sufrió un temblor de tierra...

En cambio, no están justificados los nexos rebuscados o pedantes, que pretenden relacionar (por afán, tal vez, de originalidad equivocada) informaciones con escasa o nula conexión entre sí:

Argentina hace frente a una inflación galopante...
De las crisis económicas, vamos a pasar a las crisis familiares. Hoy se ha dictado la sentencia de separación matrimonial de X. X. y X. X...

6. Tiempo. Las noticias que se emiten por televisión son siempre recientes o simultáneas. No debe olvidarse que la gran ventaja de los medios audiovisuales sobre la prensa escrita es precisamente la inmediatez. En televisión, no sólo no cabe *el ayer* o *el anteayer*; casi no cabe *el hoy*, en el sentido de que, en lucha constante con el tiempo, los telediarios tienden a ofrecer noticias de hechos tan inmediatos que la fórmula para presentarlos no suele ser: *hoy ha ocurrido...*, sino *hace una, dos horas ha ocurrido...* o *en estos momentos está ocurriendo...*

Esta circunstancia ha de ser tenida en cuenta, no sólo en la valoración de la actualidad, sino también en el modo de ofrecer las informaciones. Se impone el criterio de la candente actualidad, que es una de las razones de vivir del medio. Sería, pues, un error comenzar diciendo:

Ayer se inauguró el monumento a Juan Sebastián Elcano.

Ese hecho, que es noticia en la prensa escrita, ha dejado de serlo en televisión. Sólo estaría justificado ofrecerla cuando dificultades especiales (sobre todo en el caso de informaciones procedentes de países lejanos) hubieran impedido la recepción inmediata de las imágenes y éstas fueran de un valor informativo excepcional. Pero, en este supuesto, la información debería empezar de otro modo:

Acaban de llegar imágenes del golpe de Estado ocurrido ayer en la república de... La filmación, obtenida por nuestros enviados especiales, pudo superar los severos controles de la frontera...

No incluimos entre las excepciones el conocimiento tardío de noticias sobre hechos anteriores, sometidas, tal vez durante días, a censura total (como ocurría a veces en los países del Este, antes de ser derribado el muro de Berlín), pues en tales casos el acontecimiento cobra vigor informativo desde el momento en que se da a conocer. Y sería perfectamente legítimo escribir:

La agencia X. X. acaba de dar a conocer la muerte de X. X., ocurrida hace cuatro días y mantenida en secreto hasta el día de hoy.

7. Títulos. Entendemos por título una frase breve o una simple palabra que orienta al oyente sobre el contenido de la información.

Su elaboración pone especialmente a prueba la capacidad de síntesis del informador. En televisión, el título está sometido a unos estrechos límites.

Debe ser sugestivo para que capte la atención del oyente.

En circunstancias normales una sola palabra no se considera título, a no ser que tenga una especial fuerza expresiva, dada la situación: por ejemplo, *Sequía, Terremoto...*

De ordinario, el título es una frase breve.

Ahora bien, la brevedad no exige el uso de un estilo telegráfico (habitual en la prensa anglosajona), que elimina los artículos y las preposiciones y termina empobreciendo el lenguaje. Ejemplos: *Presidente polaco visita Papa, Congreso aprueba Proyecto Ley, Robo banco procedimiento «butrón»...*

En los títulos ha de cuidarse la ortografía. Un vicio frecuente es la supresión del verbo sin colocar en su lugar una coma, como es preceptivo. Así, se dice: *El Papa operado*, en lugar de *El Papa, operado* (la coma sustituye al tiempo verbal «ha sido», que se omite).

II. REDACCIÓN Y GRAMÁTICA

ACENTO. Con respecto al uso del acento, conviene tener presentes las reglas siguientes:

1. Llevan tilde (o acento ortográfico) en la sílaba tónica:

1.1. las palabras agudas de más de una sílaba,
   - si terminan en vocal: *Alá, Perú*;
   - si terminan en consonante *n* o *s*: *Bailén, Moisés, termináis, corréis.*

   (No llevan acento las terminadas en otra consonante: *merced, color*.)

1.2. las palabras graves o llanas,
   - si terminan en consonante que no sea *n* o *s*, o en *s* asociada con otra consonante: *almástec, césped, crónlech, débil, tótem, cráter, ábsit, pómez, látex, fórceps*;
   - si terminan en la semivocal *y*: *póney, yóquey.*

   (No se acentúan las palabras llanas terminadas en vocal o en consonante *n* o *s*: *oscuro, corren, manos*.)

1.3. las palabras esdrújulas y sobresdrújulas llevan todas tilde: *tórtola, música, habiéndosenos.*

2. Existen excepciones a estas reglas, motivadas por el encuentro de vocales en hiato, por la necesidad de diferenciar unos vocablos de otros de igual estructura y por la formación de palabras compuestas:

2.1. Cuando la *i* o la *u* preceden o siguen inmediatamente a otra vocal y no forman con ella diptongo, sino que llevan el acento tónico, deben llevar también el acento ortográfico: *confía, caído, ríen, reído, tío, oído, púa, aúlla, acentúo, actúe.*

2.2. Como la *h* entre vocales no impide que éstas formen diptongo (por ejemplo, *desahucio, sahumerio*), cuando la *i* o la *u*, precedidas o seguidas de otra vocal, lleven el acento tónico, deben llevar también el ortográfico, aunque entre ellas y la otra vocal se interponga la *h*: *ahíto, búho, rehúso.*

2.3. Las palabras que terminan en *i* tónica seguida de un diptongo y de una *s* final llevan acento ortográfico en dicha vocal tónica: *comprendíais, sentíais.*

2.4. El triptongo se acentúa en la vocal intermedia: *apreciéis*, *despreciáis*.

2.5. Las palabras compuestas llevan el acento ortográfico en el segundo elemento: *decimoséptimo*. (Se exceptúan los adverbios terminados en *mente*, que conservan el acento de la palabra simple que les sirve de base: *ágilmente*, *lícitamente*, cuando ella, por las normas anteriores, lo requiere.)

3. No llevan acento ortográfico:

3.1. Los vocablos agudos terminados en *ay*, *ey*, *uy*, *au*, *eu*, *ou*: *virrey*, *convoy*, *espeluy*.

(Pero, se escribe *Túy*.)

3.2. Los monosílabos: *fe*, *dio*, *vio*... (No obstante, se escriben con acento, para evitar la confusión, cuando tienen distinta función gramatical: *él* (pronombre), y *el* (artículo); *mí* y *tú* (pronombres personales), y *mi* y *tu* (adjetivos posesivos); *más* (adverbio de comparación), y *mas* (conjunción adversativa); *aún* (adverbio, equivalente a *todavía*), y *aun* cuando equivale a *incluso*.

4. Hay, no obstante, palabras que admiten doble acentuación, si bien la Academia prefiere una de las formas (en los ejemplos que siguen, la que va en primer lugar):

aeróstato	–	aerostato
afrodisíaco	–	afrodisiaco
alveolo	–	alvéolo
amoníaco	–	amoniaco
austriaco	–	austríaco
cardíaco	–	cardiaco
conclave	–	cónclave
dinamo	–	dínamo
etíope	–	etiope
medula	–	médula
olimpiada	–	olimpíada
omóplato	–	omoplato
pentagrama	–	pentágrama
período	–	periodo
policíaco	–	policiaco
reuma	–	reúma

ADJETIVO. El empleo de adjetivos calificativos que no añaden información apreciable va normalmente en perjuicio de la objetividad. Es, pues, aconsejable no aplicar adjetivos de propia cosecha a las personas y, menos aún, en grado superlativo.

1. Ha de cuidarse, además, la concordancia del adjetivo con el nombre, para no incurrir en los errores de bulto en que se suele caer con frecuencia. Para ello, habrán de observarse, entre otras, las reglas siguientes:

1.1. El adjetivo concuerda con el nombre en género y número: *una casa nueva*, *dos hombres altos*.

1.2. Si el adjetivo acompaña a varios nombres, debe convenirles a todos, y podrá ir colocado:

1.2.1. Delante de los sustantivos:

— si todos son del mismo género. En tal caso, concertará con todos ellos: *Hermosas campiñas y dehesas*;

— si los sustantivos son de género o número distinto, el adjetivo concuerda con el más próximo: *su probado valor y eficacia*.

1.2.2. Detrás de los sustantivos: en tal caso el adjetivo concierta en número y género, dando preferencia al masculino: *Vigor y fuerza destacados*.

2. Existen otras normas, entre las que hemos de subrayar:

2.1. La relativa a los tratamientos. El adjetivo posesivo concuerda en género femenino con los títulos de cortesía: *Señoría, Excelencia, Majestad, Vuestra Señoría, Vuestra Excelencia, Vuestra Majestad...* No obstante, cuando el adjetivo alude al sujeto a quien se distingue con dicho título, mantiene el género de éste: *sea Vuestra Majestad bienvenido*.

2.2. La relativa a los nombres colectivos. Si el verbo que los acompaña va en plural, irá también en plural el adjetivo: *la mayoría de los pobres estaban semidesnudos*.

ADVERBIO. Igual que con los adjetivos, ha de evitarse que el empleo inadecuado pueda desfigurar la objetividad de la información introduciendo indebidamente el punto de vista del redactor.

Para su adecuada colocación en la frase, habrá que tener presentes algunas normas de sintaxis:

1. Cuando el adverbio modifica a un adjetivo, se coloca delante del adjetivo, si éste precede al nombre: *las aún verdes campiñas*; detrás o delante indistintamente, si el nombre precede al adjetivo: *las campiñas verdes aún, las campiñas aún verdes*.

2. Cuando el adverbio modifica a un adjetivo sustantivado, se coloca inmediatamente delante de él y después del artículo que le precede: *el muy ladino, la abajo firmante*.

Sin embargo, si se trata de un adverbio de cantidad, se coloca siempre delante del adjetivo: *la decisión menos acertada*.

3. Cuando el adverbio modifica a un verbo como complemento circunstancial, puede ir antes o después de él; pero no es preciso que vaya pegado a él. En cualquier caso, habrá que procurar que la frase sea clara. Ejemplo: *Estoy aquí dispuesto a todo* o bien *Aquí estoy dispuesto a todo*.

4. Cuando el adverbio modifica a otro adverbio, se coloca delante del modificado: *vivo muy lejos*.

Por último, en relación con los adverbios terminados en *mente*, se debe evitar su proliferación y la consiguiente cacofonía de la frase.

ARTÍCULO. Hay casos en que no debe usarse el artículo. Por ejemplo:

1. Cuando se trata de frases hechas: *me da vergüenza, tengo pereza, tienes sueño*.

2. Ante nombres de objetos especialmente determinados: *voy a casa*.

3. Cuando el nombre va acompañado de un adjetivo posesivo: *reflexionó sobre nuestra vida* (en lugar de: *reflexionó sobre la vida nuestra*).

4. Delante de los nombres propios, aunque en el lenguaje familiar o vulgar se anteponga a veces el artículo: *(la) Juana, (el) Roberto*.

Obsérvese, sin embargo, que ciertos nombres geográficos van siempre acompañados por el artículo: los de ríos, mares, montes y lagos: *el Nilo, el mar Rojo, el Everest, el lago Titicaca*.

Con respecto a los nombres de países, no existe regla uniforme. Unos llevan artículo; otros, no. Por ejemplo, se dice *el Líbano* y *el*

Ecuador. Conviene ajustarse al uso consagrado, sin desconocer que existe una polémica sobre la pretendida arbitrariedad de tales diferencias.

Hay que observar, además, que a veces varios sustantivos van precedidos por un solo artículo. En tal caso, el artículo concierta en género y número con el sustantivo al que precede: p. ej., *el cuidado y diligencia del trabajador*, *la eficacia, esfuerzo y coraje del maestro*.

COMA. Separa palabras o frases e indica, en el lenguaje hablado, una pausa breve, necesaria para conocer el sentido del texto.

1. Se emplea:

1.1. Entre palabras o grupos de palabras que desempeñan la misma función gramatical, siempre que no vayan unidas por alguna conjunción: *Los hombres, las mujeres y los niños se congregaron en la plaza*.

1.2. Entre oraciones de la misma categoría gramatical que se hallen en las mismas condiciones: *Caminaron separados, se reunieron en el cruce, formaron un grupo compacto*.

1.3. Antes y después de una oración que se inserta en otra para aclararla o ampliarla: *La informática, aunque algunos lo lamenten, es ya asignatura obligada en la escuela*.

1.4. Detrás del nombre en vocativo cuando inicia la frase: *Daniel, escucha*; antes y después de él cuando va intercalado en ella: *Escucha, Daniel, lo que voy a decirte*.

1.5. Cuando la oración subordinada se antepone a la principal: *Antes de llegar a casa, me tropecé con María*.

1.6. Cuando ocupa el lugar del verbo que se omite: *Yo he preferido la televisión; Pedro, el periódico*.

1.7. Antes y después de locuciones y adverbios como: *por ejemplo*, *no obstante*, *por último*, *efectivamente*, *sin embargo*, etc.: *Creo, sin embargo, que no es posible* o *Me acuerdo, efectivamente, de tu caso*.

1.8. Delante de la conjunción *y* cuando las oraciones que une son largas o tienen sujetos distintos: *Me levanté muy temprano el día en que fui a visitarte, y enseguida salí en dirección al garaje*.

2. No debe usarse la coma:

2.1. Entre el sujeto y el verbo. Es incorrecto escribir: *La bien conocida estrella de la canción, ha estrenado su nuevo disco*.

2.2. Entre el verbo y su complemento directo, si aquel lo precede inmediatamente.

COMILLAS. Se colocan antes y después de citas textuales. En escritos destinados a la televisión, no bastan las comillas; es conveniente añadir la aclaración: *X. X. dijo textualmente*, u otra semejante.

Debe evitarse también la práctica, bastante frecuente, de entrecomillar determinadas palabras para indicar que se permite uno la licencia de emplearlas, aunque no sean muy propias, o de atribuirles cierto sentido distinto de su significado literal. Aunque en los textos escritos sea un recurso aceptable, en televisión no tiene cabida, dada la evidente dificultad de indicar con distinta entonación de voz que la palabra va entrecomillada.

DOS PUNTOS. Este signo se marca en el lenguaje hablado con una bajada de tono de voz y con una pausa.

Se usa correctamente:

1. Cuando se citan palabras textuales: *Dijo el presidente de la Cámara: Comienza la sesión.*

2. Después del encabezamiento de una carta: *Muy Sr. mío: Le escribo estas líneas...*

3. Antes de la oración en que se saca una conclusión o se presenta la causa de lo que acaba de decirse: *Estábamos cansados de estudiar: nos fuimos a dar un paseo. La droga es una de las grandes plagas de nuestro tiempo: arruina muchas vidas jóvenes.*

4. Delante de una enumeración: *Estas son las virtudes del pueblo: la fe, la esperanza y el tesón.*

GÉNERO. Sustantivos cuyo género puede ofrecer alguna dificultad en el uso.

MASCULINO	FEMENINO
Abogado	Abogada
Alcalde	Alcaldesa
Aprendiz	Aprendiza
Árbitro	Árbitra
Arquitecto	Arquitecta

MASCULINO	FEMENINO
Autodidacto	Autodidacta
Ayudante	Ayudanta (1)
Catedrático	Catedrática
Cofrade	Cofrade
Colega	Colega
Cónsul	Cónsul (en algunos países, «consulesa»)
Diácono	Diaconisa
Doctor	Doctora
Filólogo	Filóloga
Filósofo	Filósofa
Físico	Física
Fotógrafo	Fotógrafa
Funcionario	Funcionaria
Ginecólogo	Ginecóloga
Grafólogo	Grafóloga
Hidalgo	Hidalga
Huésped	Huéspeda, aunque también se usa «huésped»
Individuo	Individua
Ingeniero	Ingeniera
Interfecto	Interfecta
Jefe	Jefa
Juez	Jueza, aunque también se usa «juez»
Letrado	Letrada
Médico	Médica
Ministro	Ministra
Modista	Modista
Reportero	Reportera

(1) Esta forma se usa sólo para oficios manuales. En los demás casos, el femenino coincide con el masculino: «la ayudante».

GERUNDIO. Conviene desterrar la prevención con que se mira esta forma no personal del verbo, como si fuera siempre inaceptable. Lo importante es conocer su uso correcto y aplicarlo con naturalidad. Para ello debe recordarse lo siguiente:

1. El gerundio *simple* expresa una acción imperfecta (no acabada), simultánea con la del verbo al cual acompaña: *Hablando se entiende la gente*; *voy paseando mientras medito*.

2. El gerundio *compuesto* indica una acción perfecta (acabada): *Habiendo recogido los bártulos, me encaminé a la calle*.

3. Puede usarse con valor adverbial de modo, referido a la acción del verbo principal: *Habla gritando, viene corriendo, se aleja volando*.

4. Puede referirse:
4.1. al sujeto del verbo principal: *Vino despacio, temblando de emoción*. En este caso el gerundio enuncia una acción secundaria;
4.2. al complemento directo del verbo principal cuando éste significa *percibir* de algún modo: *Hallé a mi perro vagando por el parque*.

5. No debe emplearse el gerundio:
5.1. para suplir a un adjetivo o a una oración de relativo: *Decreto nombrando alcalde...* (en vez de *Decreto en que se nombra alcalde...*);
5.2. como complemento predicativo: *Era un profesor destacado, teniendo publicados varios libros e infinidad de artículos* (en lugar de *Era un profesor destacado, que tenía...*);
5.3. cuando expresa una acción posterior a la del verbo principal: *Cayó el autocar por un terraplén, muriendo tres personas* (en vez de *Cayó el autocar por el terraplén, y murieron tres personas*).

Sobre la construcción «estar + siendo + participio pasivo» vale la pena hacer algunas observaciones.

Está siendo operado no es anglicismo, ni es menos correcto que *es operado*. Si se puede decir correctamente: *Los obreros están construyendo la casa con buenos materiales*; también es correcta la transformación pasiva: *La casa está siendo construida por los obreros con buenos materiales*.

La casa es construida por los obreros con buenos materiales sería la transformación pasiva de *los obreros construyen la casa con buenos materiales.* Ni *la casa es construida* ni *la casa está siendo construida* son construcciones incorrectas. Pero el español tiende a rechazar la pasiva, y prefiere las construcciones activas: *los obreros construyen la casa, los obreros están construyendo la casa.*

Está siendo construida no es anglicismo, sino simple coincidencia con el inglés. El español y el inglés tienen la posibilidad de recurrir a los tiempos continuos (el español, con menos amplitud que el inglés): *estoy comiendo, estaba durmiendo, estaría descansando,* etc. Pero hay verbos que no admiten este uso: los de aspecto puntual o momentáneo, como *partir* (en el sentido de salir de viaje); no se dice *estoy partiendo.* Todos los verbos que admitan la construcción de su gerundio precedido de *estar* y sean transitivos pueden ponerse en la forma pasiva: *estar + siendo + participio pasivo.*

GUIÓN. Este signo se usa:

1. Para unir los elementos de una palabra compuesta: *Decreto-ley, casa-cuna.*

2. Para dividir una palabra cuando no cabe entera al final de una línea deberán aplicarse las siguientes reglas:

2.1. las palabras compuestas formadas de un prefijo y un vocablo pueden dividirse separando sus componentes, aunque la división no coincida con la pronunciación silábica: *no-sotros* o *nos-otros, de-samparo* o *des-amparo.*

2.2. No se dividirán los diptongos: *curio-so, noti-cia, gracia-ble.*

2.3. No se dejará sola, al fin o al principio de una línea, la vocal con que termina una palabra: *trofeo, la nao.*

2.4. La *h* precedida por una consonante acompañará siempre a la vocal siguiente: *al-hóndiga, des-hidratación.*

2.5. La *s* se une a la consonante anterior en palabras compuestas de prefijo: *cons-tante, obs-táculo, ins-piración.*

2.6. No se desunirán la *ch,* la *ll* o la *rr*: *gazpa-cho, cami-lla, ca-rruaje.*

3. Cuando se antepone un prefijo a un nombre propio: *anti-ONU.*

4. Entre dos años que indican el principio y el fin de un período: *1939-1945.*

INTERROGACIÓN Y ADMIRACIÓN. Los signos de interrogación y admiración se colocan:

1. Al principio y al final de la oración interrogativa o admirativa: *¿Quién dijo miedo?*, *¡Cualquiera sabe dónde se encuentra!*

2. En las cláusulas mixtas (interrogativas y admirativas a la vez) se coloca un signo de interrogación al principio y otro de admiración al final, o viceversa: *¿Qué persecución es esta, Dios mío! ¡Que está en su mano hacer feliz al mundo?*

MAYÚSCULAS. Se escriben con mayúscula inicial:
  – Los nombres propios: *Dios, Jesús, España, Castilla, Madrid, Pirineos, Platón, Jaime, María...*;
  – la primera palabra de un escrito;
  – los atributos divinos: *Hacedor, Redentor*;
  – los títulos y nombres de dignidad: *Duque de Alba, Marqués de Villena, Sumo Pontífice*;
  – los títulos, cuando equivalen a nombres propios: *el Papa, el Rey, el Duque*;
  – los tratamientos, si van en abreviatura: *Sr. D.* (Señor Don), *U. o V.* (usted), *V. S.* (Vuestra Señoría);
  – los sustantivos y adjetivos de algunos nombres de instituciones: *el Consejo General del Poder Judicial, el Tribunal Supremo, las Cortes Españolas, el Congreso de los Diputados*;
  – la primera palabra después de punto;
  – los números romanos: *Pío XII, Fernando VII, Isabel II.*

PARÉNTESIS. Se emplea el paréntesis:

1. para encerrar una oración aclaratoria o incidental o que tiene escasa relación con lo anterior: *Otra concentración de capitales corrió a cargo de judíos y conversos (porque eran los recaudadores de las órdenes militares y de la Iglesia)*;

2. para acotar las frases que pronuncian aparte los actores en una obra dramática: *Aquí no hay nada postizo, querido. (Confío en que nunca lo descubra)*;

3. para añadir datos aclaratorios, explicaciones de abreviaturas: *La caída de Granada fue en 1492 (año 897 de la héjira), Mons. (Monseñor), Imp(erator), Caes(ar), Aug(ustus).*

PREPOSICIONES. Gran número de los complementos del nombre, del adjetivo y del verbo llevan antepuesta una preposición. Su uso ofrece a veces alguna dificultad, debida en parte al influjo que ejercen en los modos de hablar y de escribir malas traducciones de idiomas extranjeros y ciertos anuncios publicitarios tan machacones como mal redactados.

Conviene tener presentes las siguientes orientaciones para el uso correcto de la preposición:

1. En general, no debe separarse de su complemento.

2. Acompaña a un verbo, un sustantivo, un adjetivo o un adverbio: *Vamos A cazar*, *viene DE casa*, *café CON leche*, *bueno PARA comer*, *enfrente DE tu casa*, *viene DE fuera*.

3. Puede ir asociada a otra preposición: *gente DE A pie*, *surgió DE ENTRE unas breñas*.

4. Algunas palabras rigen una sola preposición; por ejemplo: el verbo *carecer* rige sólo la preposición *DE*. Otras, en cambio, pueden regir varias, de acuerdo con la relación que se quiera expresar: por ej., alguien puede indignarse CON o CONTRA otra persona, DE o POR alguna cosa.

A continuación se incluye una lista de las preposiciones más usuales, con su significado, y se indican también algunos de los errores que suelen cometerse en la práctica.

A. 1. Esta preposición denota:
 – El tiempo o el lugar en que sucede algo: *Lo sorprendieron A la entrada del banco*; *se lo entregará A la noche*.
 – El modo de hacer algo: *A golpe de mazo*; *A trancas y barrancas*.
 – El precio: *A trescientas pesetas el kilo*.
 – La situación: *Se encuentra A la izquierda del camino*.
 – La dirección o el término: *Me dirijo A Madrid*; *envío una carta A un amigo*.
 – La proximidad: *Se sienta A la lumbre*.
 – La finalidad: *No sé A qué me sigues*.
 – El complemento indirecto: *Llevo A Matilde unos bombones*.

2. La preposición *a* acompaña a veces al complemento directo. Así, cuando el complemento es un nombre propio de persona o animal irracional: *Veo A Carmen*, *monta A Babieca*; un pronombre personal: *Estimo A éste mucho más*; un nombre de cosa personifica-

da: *Teme sobre todo A la muerte*; un nombre colectivo referido a personas: *Premió A la plebe*.

3. La construcción de *sustantivo + a + infinitivo*, tomada del francés, es aceptable en usos bancarios, comerciales o administrativos: *efectos A cobrar, cantidad A deducir...* No es admisible en otros casos. Así, es incorrecto escribir: *Hay cien personas A convocar, quedan tres cuestiones A debatir* (en lugar de: *hay cien personas que convocar, quedan tres cuestiones que debatir*).

4. Esta construcción es ociosa en algunos contextos; por ej.: *Se debe tener muy claros los dos objetivos principales A ALCANZAR en una buena traducción, ... daremos algunas ideas, más bien como problemas A SOLUCIONAR que como conclusiones; ... vieron en el dialecto ático un modelo de lengua A SEGUIR; los ecologistas se oponen al Plan Urbanístico A DESARROLLAR*. Si en estos cuatro ejemplos se suprime la preposición *a* y el infinitivo que la sigue, las cuatro frases ganan en concisión y transparencia.

CON. Esta preposición indica:

– Modo, medio o instrumento: *Lucha CON furia, juega CON un balón, limpia sólo CON la escoba*.

– Compañía: *Voy CON varios amigos*.

– Reciprocidad: *Le gusta discutir CON su colega*.

– Relación: *Habla CON quien se le pone a tiro*.

– Concesión: *CON ser tan educado, resulta a veces tosco*.

DE. 1. Esta preposición denota:

– Posesión, pertenencia o propiedad: *la finca DE mi abuelo, la amiga DE mi hermana*.

– Procedencia: *Viene DE Aranjuez*.

– Tiempo: *Era DE madrugada*.

– Naturaleza, condición o cualidad: *Hombre DE palabra, mujer DE virtud acrisolada*.

– Material: *Mesa DE mármol*.

– Modo: *Cayó DE espaldas*.

– Asunto: *Hablamos DE toros*.

2. No deben incorporarse a los textos ciertas expresiones de la lengua vulgar que incluyen indebidamente la preposición *de*: *lo he visto DE caer, no le importa DE reconocerlo, me aconsejaron DE que volviese*. (Véase «QUE».)

3. En los nombres de calles, plazas y paseos no debe omitirse la preposición *de*: *calle de Alcalá* (no, *calle Alcalá*), *plaza de Esquivias* (no, *plaza Esquivias*).

4. Cuando la preposición *de* acompaña al verbo *deber*, éste adquiere el significado de probabilidad o suposición: *Debe DE haber llegado ya* (= *probablemente ha llegado*).

5. No debe omitirse la preposición *de* cuando la exijan el nombre, el adjetivo o el verbo delante de su complemento: *No me acuerdo DE dónde está*; *no tengo idea DE lo sucedido, estoy seguro DE que ocurrirá.*

CONTRA. 1. Esta preposición indica:
   – Oposición: *Lucho CONTRA mis enemigos, está indicado CONTRA el mareo.*
   – Frente a, enfrente o hacia: *Tiene la fachada CONTRA el mediodía.*

2. Evítese la expresión «por contra», calco del francés «par contre»: *Los dos equipos que ocupan los primeros puestos de la clasificación han perdido fuera de casa; por contra, el colista ha ganado.* Puede sustituirse por «en cambio».

3. Es vulgar el uso de esta preposición como adverbio, en lugar de *cuanto*: *CONTRA más tímido se muestra, más atrae a las mujeres.*

EN. 1. Esta preposición denota:
   – Modo o manera: *Me ha contestado EN buen tono.*
   – Tiempo: *EN otoño caen las hojas de los árboles.*
   – Lugar: *Encontré este libro EN la biblioteca.*
   – Relación o referencia: *Nadie le iguala EN valor.*
   – Tiempo invertido: *He hecho el trayecto EN seis horas.*
   – Precio: *Me lo ha vendido EN veinte duros.*
   – Situación de tránsito: *El periodista EN ciernes.*
   – Medio: *Hablo EN alemán.*

2. *En* se usa en algunas locuciones adverbiales, delante de un adjetivo: *Puede admitirse EN general, me recibió EN secreto.*

3. Puede preceder al infinitivo y al gerundio: *No tuve reparo EN reconocer*; *EN coronando la cuesta, verás el pueblo.*

4. Pertenecen al lenguaje rústico expresiones como: *va EN casa de Juan.*

5. Es galicismo el uso de *en* ante nombres de materia: *una chimenea EN mármol, un vestido EN lana.*

6. Es también galicismo el uso de *en* por *dentro de*: *Llegaré EN tres días, vendrá a Madrid EN seis meses.*

ENTRE. 1. Esta preposición indica:
- Situación: *ENTRE Pinto y Valdemoro.*
- Reciprocidad: *Se entienden ENTRE ellos.*
- Participación: *ENTRE unos y otros le hacen la vida imposible.*
- Relación: *No hay desacuerdo ENTRE tú y yo.*

2. Pertenece sólo al lenguaje vulgar la locución conjuntiva *entre que*, equivalente a *mientras*: *ENTRE QUE viene, jugaremos una partida.*

PARA. 1. Esta preposición denota:
- Dirección: *Voy PARA Valladolid.*
- Fin: *Trabajo PARA comer.*
- Tiempo: *Lo he dejado PARA mañana.*
- Proximidad: *Está PARA llegar.*
- Destino: *Este dinero es PARA mí.*
- Relación: *PARA los años que tiene, está muy crecido.*

2. Debe rechazarse el anglicismo de esta construcción (y otras similares): *Cinco minutos PARA las nueve* (en lugar de *las nueve menos cinco*).

POR. 1. Esta preposición expresa:
- Causa: *Protesta POR la rebaja del salario.*
- Lugar de paso: *El río pasa POR el pueblo.*
- Medio: *Lo llamaré POR teléfono.*
- Tiempo o duración: *Me lo prestó POR un mes.*
- Tiempo aproximado: *POR abril suele florecer el campo.*
- Precio: *Se ha vendido POR cien mil pesetas.*
- Equivalencia: *Vaya una cosa POR la otra.*
- Cambio: *Nadie da duros POR pesetas.*
- Finalidad: *Ha luchado POR sacarse la espina.*
- Concesión: *POR mucho que lo pienses, no lo entenderás.*

2. No debe confundirse la preposición *por* acompañada del relativo *que* con la conjunción *porque*. *Por que* (preposición y relativo se escriben separados), equivale a *por el cual, por la cual, por los cuales* o *por las cuales*: *Estos son los motivos por que me he comportado así.*

3. *Por qué* (pronombre o adjetivo interrogativo precedido de la preposición *por*) se escribe separado y con tilde en la *e*.

4. El *porqué* (la causa) se escribe junto y también con tilde en la *e*.

● LAS PALABRAS Y SUS PREPOSICIONES

Existen muchos vocablos (verbos, sobre todo) que van unidos a su complemento mediante una preposición. Una larga lista de tales palabras figura en la edición de 1931 de la *Gramática* de la Real Academia Española. Seleccionamos en ella algunos términos de uso frecuente, que reproducimos a veces con ligeros retoques.

Abalanzarse a la comida.
Abandonarse a la desgracia, *en* manos del amigo.
Abochornarse de algo, *por* algún motivo.
Abogar por alguien.
Absolver de la culpa.
Abstenerse de lo prohibido.
Aburrirse por, *de*, *con* cualquier cosa.
Acabar por afirmar, *con* los enemigos, *de* llegar, *en* la desgracia.
Acceder a un ruego.
Acertar en los cálculos, *con* la dirección, *a* decir.
Acoger en el hogar, *con* aplausos.
Acompañarse de, *con* mujeres; *a* casa.
Acreditarse con, *para con* uno; *de* torpe.
Acusar (a uno) *ante* la justicia; *de* un robo.
Adelantarse a otros; *en* la marcha.
Adherirse a una proposición.
Adornar con, *de* flores.
Afianzarse en, *sobre* la tarima.
Afrentar con insultos.
Agobiarse con, *de*, *por* la vejez.
Ahogarse de calor, *en* vino.
Alimentarse de, *con* pan.

Amenazar con la mano; *de* muerte.
Anteponer a la obligación.
Apasionarse de, por algo.
Apiadarse de los ciegos.
Apostatar de la religión.
Apresurarse a escribir; *en* la respuesta; *por* no faltar.
Apurarse en la desgracia; *por* poco.
Arremeter contra los enemigos.
Asegurarse de que es cierto.
Asustarse de, con, por el trueno.
Atentar a la vida; *contra* el derecho.
Atraer con halagos; *a* su lado.
Atreverse con la tarea; *a* lo difícil.
Aventajar a sus iguales; *en* todo.

Bastar a, para empobrecerse.
Beber a la salud; *de, en* un jarro.
Benemérito de la patria.
Besar en la mejilla.
Blanco de piel.
Blando al tacto; *de* carácter.
Blasfemar contra lo sagrado; *de* lo divino.
Bostezar de aburrimiento.
Bramar de dolor.
Brindar a la salud de un amigo; *por* el homenajeado.
Bueno de, para beber; *de por* sí; *en* sí.
Burlar a la justicia.
Burlarse del prójimo.
Buscar al hermano; *por* dónde llegar.

Caerse a trozos; *de* viejo.
Calarse de agua.
Calentarse a la estufa; *con* el entrenamiento.
Calificar de tonto.
Callar de, por temor.
Cambiar (algo) *con, por* algo; *en* moneda fraccionaria.
Caminar a, para Córdoba; *de* tres en fondo.
Campar por sus respetos.
Cansarse con la tarea; *del* oficio.
Carecer de dinero.

Cebarse en el castigo.
Cercano a la casa.
Circunscribirse a lo acordado.
Cojear del pie izquierdo.
Coligarse con otros.
Colmar de regalos.
Compatible con el horario.
Competir con otro.
Cómplice del delincuente; *en* el robo.
Comprometerse a jugar; *con* el acreedor; *en* un proyecto.
Condenar a galeras; *en* costas.
Condolerse de su desgracia.
Confabularse con el enemigo.
Confesarse al juez; *con* un compañero; *de* sus faltas.
Confirmarse en su idea.
Conforme a, con su criterio; (con otra persona) *en* una convicción.
Congraciarse con el profesor.
Congratularse con los amigos; *de, por* el hallazgo.
Consentir en el escándalo; *con* la veleidad.
Considerar (un asunto) *bajo, en* todos sus aspectos; *por* todos lados.
Constar de partes; *en* el expediente; *por* escrito.
Consumirse de impaciencia; *con* la enfermedad; *a* fuego lento.
Contemporizar con el vecino.
Contravenir a la norma.
Convalecer de la gripe.
Curtirse al, con el, *del* viento; *en* la tarea.

Darse a la bebida; *contra* una esquina; *de* bofetadas; *por* vencido.
Decidirse a trabajar; *en* favor de alguien; *por* una solución.
Declinar a, hacia un extremo; *de* acá; *en* bajeza.
Deleitarse con el espectáculo; *en* oír música.
Demandar en juicio; *ante* el Tribunal; *de* injurias.
Deponer contra el procesado; (a un funcionario) *de* su cargo; *en* juicio.
Descontento con su trabajo; *de* su familia.
Descuidarse de, en su misión.
Desertar al campo enemigo; *de* los suyos.
Deslizarse al, en el pecado; *por* la cuesta.
Destituir de un cargo.
Desvivirse por subir.

Distraerse con la radio; *de, en* el diálogo; *a* otro asunto.
Ducho en negocios.
Duro de mollera; *con* los demás; *en* la lucha.

Ejercitarse en la lucha.
Embarcarse de polizón; *en* un vapor; *para* Grecia.
Embestir contra la puerta.
Embobarse de, en, con algo.
Embriagarse de alegría; *con* vino.
Empacharse de tarta; *por* nada.
Encaramarse en una encina; *a* un muro.
Encomendarse a la justicia; *en* manos de la policía.
Encontrarse en la misma calle; *con* el deudor.
Enfurecerse por cualquier motivo; *con, contra* el dependiente; *de*
    oír disparates.
Enjuto de carnes.
Enriquecerse de virtudes; *con* regalos.
Entristecerse por, de, con el triunfo de otro.
Enzarzarse en una disputa.
Escabullirse por entre, entre la multitud; *de* la reunión.
Escudarse contra el peligro; *con, en* la fe.
Esmerarse en algo.
Estimular al, en el estudio; *con* dádivas.
Excederse de sus facultades.
Excusarse de hacer algo; *con* alguno.
Exponerse a un peligro; *ante* el público.

Fatigarse de andar; *por* sobresalir.
Favorecido por el jefe; *de* la suerte.
Fecundo en recursos; *de* palabras.
Flaquear en la virtud.
Forrar de, con, en pieles.
Fortificarse contra el enemigo; *en* un punto.
Franquearse a, con alguno.
Furioso con la noticia; *contra* alguno; *por* un revés de fortuna.

Ganar al ajedrez; *en* categoría; *para* sobrevivir; *por* la mano.
Gastar con garbo; *de* su hacienda; *en* banquetes.
Generoso con, para, para con los pobres; *de* espíritu; *en* acciones.
Gloriarse de alguna cosa; *en* el Señor.

Gozoso con la noticia; *del* triunfo.

Grande de talla; *en, por* sus acciones.

Gravar con impuestos; *en* mucho.

Guardar entre algodones; *bajo* llave; *en* la memoria.

Guarecerse bajo el porche; *de* la lluvia; *en* una choza; *tras* un muro.

Gusto para vestir; *por* las flores.

Hablar con alguno; *de, sobre* alguna cosa; *entre* dientes; *por* sí o
   por otro; *sin* ton ni son.

Hallarse en la fiesta; *con* un obstáculo.

Heredar de un pariente; *en* el título; *en, por* línea recta.

Honrarse con la amistad; *de* complacer a alguno.

Humillarse ante Dios.

Hurtar en el precio.

Idóneo para alguna cosa.

Impaciente con, de, por la tardanza.

Impedido de un brazo; *para* trabajar.

Implacable con los enemigos; *en* la ira.

Imponer (pena) *al* reo; *en* la Caja de Ahorros; *sobre* consumos.

Imprimir con, de letra nueva; *en* el ánimo; *sobre* la cera.

Inaccesible a los pretendientes.

Incansable en el trabajo.

Incierto del triunfo; *en* sus opiniones.

Incitar (a alguno) *a* rebelarse; *con* palabras, *contra* otro.

Inconstante en su proceder.

Indeciso en, para resolver.

Indignarse con, contra alguno; *de, por* una mala acción.

Indisponer (a uno) *con, contra* otro.

Indultar (a alguno) *de* la pena.

Informar (a alguno) *de, en, sobre* alguna cosa.

Inhibirse (el juez) *de, en* el conocimiento de una causa.

Inocente del crimen.

Insensible a las injurias.

Inspirar (una idea) *a, en* alguno.

Instruir (a alguno) *de, en, sobre* alguna cosa.

Interceder por otro.

Interponer (su autoridad) *con* alguno.

Intervenir en el reparto; *por* alguno.

Jugar a los naipes; unos *con* otros.

Jurar en vano; *por* su nombre; *sobre* la Biblia.

Juzgar a, por deshonra; *de* alguna cosa; *en* una materia; *entre* partes; *según* fuero; *sobre* apariencias.

Lamentarse de, por la desgracia.

Lanzarse al, en el mar; *sobre* la presa.

Lastimarse con, contra, en una piedra.

Lavar (la ofensa) *con, en* sangre.

Levantarse con lo ajeno; *contra* el gobierno; *de* la silla; *en* armas.

Limpiarse con, en la hierba; *de* culpas.

Litigar con, contra un pariente; *por* pobre; *sobre* un mayorazgo.

Luchar con, contra alguno; *por* recobrar algo.

Llamarse a engaño.

Llevar (algo) *a* casa; *con* paciencia; *de* vencida; *en* peso; *por* tema; *sobre* el corazón.

Llorar de gozo; *en, por* la felicidad ajena.

Llover a cántaros; (trabajos) *en* una familia; *sobre* mojado.

Maldecir a otro; *de* todo.

Mancomunarse con otros.

Manchar la ropa *con, de, en* lodo.

Mandar (una carta) *al* correo; *de* emisario; *en* su casa; *por* fruta.

Mantener (correspondencia) *con* alguien; (la casa) *en* buen estado.

Maquinar contra el enemigo.

Maravillarse de una noticia; *ante* algo; *por* algo.

Matarse a trabajar; *por* conseguir algo.

Mediar con alguno; *en* una cuestión; *entre* los contrarios; *por* un amigo.

Meditar en, sobre un misterio; *entre* sí.

Meterse a gobernar; *con* los que mandan; *de* pies y manos; uno *entre* malvados; *por* medio.

Mirarse al espejo; *en* el agua.

Molido a palos; *de* andar.

Morir a manos del contrario; *de* mala manera; *de* una enfermedad; *entre* enemigos; *para* el mundo; *por* su amada; *en* el campo.

Mudar (alguna cosa) *a* otra parte; *de* intento; (una cosa) *en* otra.

Nacer con fortuna; *en* Andalucía; *para* trabajar.

Nadar de espaldas; *en* riquezas; *entre* dos aguas.

Navegar a, para Italia; *con* viento fresco; *contra* la corriente; *hacia* la Antártida.

Negociar con papel; *en* granos.

Noble de cuna; *en* sus obras; *por* su origen.

Nombrar (a alguno) *para* un cargo.

Nutrirse con manjares; *de* sabiduría.

Obstinarse en algo; *contra* alguno.

Ocuparse de un asunto; *en* un trabajo.

Ofenderse con, de los insultos; *por* todo.

Ofrecerse de, como acompañante; *en* holocausto; *al* peligro.

Oír bajo secreto; *con, por* sus propios oídos; *de* persona autorizada; *en* justicia.

Opinar (bien) *de* un sujeto; *sobre* alguna cosa.

Oprimir con el poder; *bajo* el peso.

Orar en favor de; *por* los difuntos.

Ordenado a, para tal fin; *en* series.

Ordenar de sacerdote; *por* materias.

Orgulloso con, para con todos; *de, por* su caudal; *en* los ademanes.

Padecer de los nervios; *por* Dios; *con* las impertinencias de otro.

Pararse a descansar; *ante* alguna dificultad; *con* alguno; *en* la calle.

Participar de algo; *en* el negocio.

Pasar de Sevilla a Córdoba; *en* silencio; *por* alto; *por* mentecato; *con* poco; *sobre* ascuas.

Pecar con la intención; *contra* la norma; *de* ignorante.

Penar de amores; *por* alguna persona.

Pender ante el Tribunal; *de* un cabello.

Perderse de vista; *en* el camino.

Perjudicial a, para la vista.

Persistir en una idea.

Pertrecharse con, de lo necesario.

Pleitear con, contra alguien.

Porfiar con, contra alguno; *en* un empeño; *hasta* morir; *sobre* el mismo tema.

Postrado con la enfermedad; *por* los trabajos.

Práctico en arquitectura.

Precipitarse a, en el foso; *de, desde* las almenas.

Preocuparse con, por alguna cosa.

Prepararse a, para el examen; *con* el estudio.

Presto para correr.

Prevenirse contra el peligro; *para* un viaje.

Pronto a enfadarse; *de* genio; *en* las respuestas; *para* trabajar.

Protestar contra la calumnia; *de* su inocencia.

Proveer a la necesidad; *con* víveres.

Pujar sobre, por algo.

Quedar a deber; *con* un amigo; *de* pie; *en* casa; *para* contarlo; *por, como* idiota.

Quemarse con, por alguna palabra.

Querellarse ante el juez; *contra* un vecino.

Quitar del medio; (algo) *a* lo escrito.

Rayar en lo sublime.

Razonar con alguno; *sobre* un tema.

Recabar de alguno.

Recaer en el pecado.

Recatarse de las gentes.

Recibir a cuenta; (algo) *de* alguien; *por* esposa.

Recobrarse del desastre.

Reconciliarse con otro.

Recrearse con la pintura; *en* el paseo.

Redundar en provecho.

Reflexionar en, sobre una materia.

Reincidir en el crimen.

Remontarse al, hasta el cielo; *por* los aires; *sobre* todos.

Rendirse a la razón; *de* fatiga.

Renegar de una cosa.

Repartir (algo) *a, entre* varios; *en* porciones iguales.

Reputar (a alguno) *por* honrado.

Resguardarse con el tronco de un árbol; *de* los tiros; *tras* un muro.

Resolverse a alguna cosa; *por* tal partido.

Responder a la pregunta; *con* la fianza; *del* depósito; *por* otro.

Retractarse de alguna cosa.

Retraerse a alguna parte.

Retroceder a, hacia tal parte; *de* un sitio a otro; *en* el camino.

Rígido con, para, para con su familia; *de* carácter; *en* sus juicios.

Sacar a uno de apuros; *con* bien; *de* alguna parte; *en* limpio; *por* consecuencia.

Salir a la cara; *con* un despropósito; *por* fiador; *de* alguna parte.

Seguir con la empresa; *de* cerca; *en* el intento.

Sembrar (el camino) *con* flores; *en* la arena; *entre* piedras.

Sentenciar a muerte; *en* justicia; *por* estafa; *según* la ley.

Señalarse en la guerra.

Servir con armas; *de* mayordomo; *en* palacio; *para* el caso; *por* la comida; *sin* sueldo.

Sincerarse con otros.

Sobresaltarse con, por la noticia.

Solazarse con fiestas; *entre* amigos.

Soñar con los ángeles; *en* la venganza.

Subrogar (una cosa) *por* otra; *en* lugar de.

Suelto de lengua; *en* el habla.

Sumirse en un pantano.

Suplir en un acto de servicio.

Sustentarse con frutas; *de* esperanza.

Temblar de frío; *por* su vida.

Tenerse de, en pie; *por* inteligente.

Terminar en punta.

Titubear en alguna cosa.

Topar con, contra un poste.

Traducir al castellano; *del* latín.

Transferir (alguna cosa) *a* otra persona; *de* una parte a otra.

Transportar (algo) *a* hombros; *de* un lado a otro; *en* volandas.

Traspasar (algo) *a* alguien.

Triste de aspecto; *con, por* el suceso.

Ufanarse de, con sus hechos.

Ultrajar con apodos; *de* palabra; *en* la honra.

Único en su línea; *entre* mil.

Útil a la patria; *para* alguna cosa.

Vacilar en la elección; *entre* la esperanza y el temor.

Valerse de algunos.

Vanagloriarse de su estirpe.

Variar de opinión; *en* dictamen.

Venirse a buenas; *con* alguien; *por* caminos estrechos.

Verse con alguien; *en* un apuro.

Virar a, hacia la costa; *en* redondo.
Votar con la mayoría; *en* las elecciones; *por* alguno.

Zafarse de alguna persona; *del* compromiso.
Zambullirse en el agua.
Zozobrar en la tormenta.

PUNTO. El punto exige hacer en la lectura una pausa mayor que después de la coma o del punto y coma, aunque de duración variable, de acuerdo con el sentido del texto.

En general, se usa este signo para indicar que ha finalizado un párrafo o una frase que se consideran completos y, por lo tanto, son perfectamente comprensibles. A continuación de punto se escribe mayúscula.

Después de punto y seguido, el texto continúa en la misma línea, o en la siguiente, sin espacio en blanco. En este caso, la pausa no rompe la relación que guardan los párrafos contiguos.

El punto y aparte implica mayor independencia de las cláusulas por él separadas, y exige una pausa más larga que el punto y seguido.

El *punto final* (no el «punto y final», como se dice erróneamente) cierra el texto.

QUE. Además de pronombre relativo, puede ser conjunción.

Como conjunción completiva, sirve para unir una oración principal con una subordinada: *Pienso que vendrá.*

Hay que advertir un error bastante frecuente, que consiste en colocar la preposición *de* delante de la conjunción *que* cuando se introduce un complemento directo y no un complemento preposicional, por ejemplo: *pienso de que vendrá.* Es el llamado *dequeísmo*, vicio del lenguaje notablemente vulgar, en el que se cae con verbos que indican decir o pensar: *aclarar, aconsejar, asegurar, suponer...*

No debe olvidarse, sin embargo, que otros verbos o frases, como *acordarse, darse cuenta, olvidarse, estar seguro, tener noticia,* etc., sí se construyen con *de que: Me doy cuenta DE QUE tienes razón, te olvidas DE QUE estás solo,* etc. Y surge también aquí el vicio contrario al ya denunciado: el que algunos llaman *queísmo,* que consiste en omitir la preposición *de* ante la conjunción *que* cuando el verbo la exige: *estoy seguro (de) QUE llegó;* o cuando la oración subordinada no depende de un verbo sino de un sustantivo o de un adjetivo: *tengo la certeza DE QUE eso no existe.* Sería un error: *tengo la certeza QUE eso no existe.*

VERBOS. En cuanto a los modos, conviene recordar que el *indicativo* expresa una acción ajustada a la realidad: *HE RECIBIDO tu carta*; el *subjuntivo* indica una acción dudosa, posible, necesaria o deseable: *No puedo asegurar que HAYA MENTIDO*; el *imperativo* expresa exhortación, mandato o ruego dirigidos a otra persona: *ESTATE quieto.*

1. Los tiempos. Los imperfectos se refieren al transcurso o continuidad de la acción, sin aludir al comienzo o al final de ella: *cantaba, decía.* Son imperfectos todos los tiempos simples, excepto el pretérito perfecto simple, llamado también indefinido: *canté, dije.* Los tiempos perfectos designan una acción acabada: *he cantado, he dicho.* Son perfectos todos los tiempos compuestos y el pretérito perfecto simple.

La duda que se plantea en la redacción de noticias sobre el uso del pretérito perfecto simple y el pretérito perfecto compuesto: *canté* y *he cantado*, debe resolverse de este modo:

– se usa el primero (*canté*) cuando se refiere a una unidad de tiempo ya cerrada o concluida, como *ayer, la semana pasada, el año pasado*: *Esta historia finalizó la semana pasada*;

– se usa el segundo (*he cantado*) cuando la acción que designa se ha realizado en una unidad de tiempo no cerrada aún, como *hoy, este año, este mes, este siglo*: *Hoy ha dado comienzo la asamblea. En este siglo ha habido dos guerras mundiales.*

2. La conjugación. Hay verbos defectivos o irregulares cuya conjugación ofrece cierta dificultad. A veces, la duda puede plantearse con referencia a la acentuación de las formas del verbo.

A continuación se ofrece una selección de tales verbos.

ABOLIR. Verbo defectivo. Su conjugación abarca sólo las formas que llevan la vocal *i* en la desinencia.[1]

ADECUAR. Es incorrecta la acentuación *adecúa*. Este verbo se conjuga, en cuanto al acento, como *averiguar*.

ADUCIR. Se conjuga como *conducir*.

---

[1] En adelante, el signo * indica que el verbo en cursiva es modelo en cuanto a la acentuación.

AFILIAR. Se conjuga como *cambiar.*

AGRIAR. Su conjugación fluctúa, en cuanto al acento, entre la de *cambiar* y la de *desviar.*

AISLAR. Sólo se acentúa la *i*, con lo que se destruye el diptongo, en las tres personas del singular y en la tercera del plural de los presentes de indicativo: *aíslo, aíslas, aísla, aíslan,* y de subjuntivo: *aísle, aísles, aísle, aíslen,* y en la segunda y tercera del singular y tercera del plural de imperativo: *aísla, aísle, aíslen.*

ALIAR. Se conjuga como *desviar.**

AMNISTIAR. Se conjuga como *desviar.**

AMORTIGUAR. Se conjuga como *averiguar.**

ANDAR. Debe cuidarse la conjugación de este verbo irregular, para no caer en errores que se oyen con cierta frecuencia y, a veces, hasta se leen.

TIEMPOS IRREGULARES DEL VERBO ANDAR

Pret. indef.: anduve, anduviste, anduvo, anduvimos, anduvisteis, anduvieron.

Pret. impf. de subj.: anduviera o anduviese, anduvieras o -ses, anduviera o -se, anduviéramos o -semos, anduvierais o -seis, anduvieran o -sen.

Fut. impf. de subj.: anduviere, anduvieres, anduviere, anduviéremos, anduviereis, anduvieren.

APACIGUAR. Se conjuga como *averiguar.**

ASFIXIAR. Se conjuga como *cambiar.**

ATAÑER. Se usa sólo en la tercera persona del singular o del plural.

TIEMPOS SIMPLES DEL VERBO ATAÑER

INDICATIVO: *Pres.* atañe, atañen. *Pret. impf.* atañía, atañían. *Pret. indef.* atañó, atañeron. *Fut. impf.* atañerá, atañerán. *Pot. simple.* atañería, atañerían.

SUBJUNTIVO: *Pres.* ataña, atañan. *Pret. impf.* atañera o atañese, atañeran o atañesen. *Fut. impf.* atañere, atañeren.

IMPERATIVO: no tiene.

FORMAS NO PERSONALES: *Inf.* atañer. *Ger.* atañendo. *Part.* atañido.

AUXILIAR. Se conjuga como *cambiar*.*
AVERIGUAR. En la conjugación no se acentúa nunca la *u*.

TIEMPOS SIMPLES DEL VERBO AVERIGUAR

INDICATIVO: *Pres.* averiguo, averiguas, averigua, averiguamos, averiguáis, averiguan. *Pret. impf.* averiguaba, averiguabas, averiguaba, etc. *Pret. indef.* averigüé, averiguaste, averiguó, etc. *Fut. impf.* averiguaré, averiguarás, averiguará, etc. *Pot. simple.* averiguaría, averiguarías, averiguaría, etc.
SUBJUNTIVO: *Pres.* averigüe, averigües, averigüe, etc. *Pret. impf.* averiguara o -se, averiguaras o -ses, averiguara o -se, etc. *Fut. impf.* averiguare, averiguares, averiguare, etc.
IMPERATIVO: averigua, averigüe, averiguad, averigüen.
FORMAS NO PERSONALES: *Inf.* averiguar. *Ger.* averiguando. *Part.* averiguado.

BALBUCIR. Este verbo no se conjuga en la primera persona del singular del presente de indicativo ni en el presente del subjuntivo. Todas estas formas se suplen con las del verbo *balbucear*, que significa lo mismo.

TIEMPOS SIMPLES DEL VERBO BALBUCIR

INDICATIVO: *Pres.* balbuces, balbuce, balbucimos, balbucís, balbucen. *Pret. impf.* balbucía, balbucías, etc. *Fut. impf.* balbuciré, balbucirás, etc. *Pot. simple.* balbuciría, balbucirías, etc.
SUBJUNTIVO: Pres. (Carece). *Pret. impf.* balbuciera o balbuciese, balbucieras o -ses, etc.
IMPERATIVO: balbuce, balbucid.
FORMAS NO PERSONALES: *Inf.* balbucir. *Ger.* balbuciendo. *Part.* balbucido.

BENDECIR. Verbo irregular.

TIEMPOS SIMPLES DEL VERBO BENDECIR

INDICATIVO: *Pres.* bendigo, bendices, bendice, bendecimos, bendecís, bendicen. *Pret. impf.* bendecía, bendecías, etc. *Pret. indef.* bendije, bendijiste, bendijo, bendijimos, bendijisteis, bendijeron. *Fut. impf.* bendeciré, bendecirás, etc. *Pot. simple.* bendeciría, bendecirías, etc.

SUBJUNTIVO: *Pres.* bendiga, bendigas, bendiga, bendigamos, bendigáis, bendigan. *Pret. impf.* bendijera o bendijese, bendijeras o -ses, bendijera o -se, bendijéramos o -semos, bendijerais o -seis, bendijeran o -sen. *Fut. impf.* bendijere, bendijeres, etc.

IMPERATIVO: bendice, bendiga, bendecid, bendigan.

FORMAS NO PERSONALES: *Inf.* bendecir. *Ger.* bendiciendo. *Part.* bendecido.

CABER. Verbo irregular.

TIEMPOS IRREGULARES DEL VERBO CABER

INDICATIVO: *Pres.* quepo, cabes, cabe, cabemos, cabéis, caben. *Pret. indef.* cupe, cupiste, cupo, cupimos, cupisteis, cupieron. *Fut. impf.* cabré, cabrás, cabrá, cabremos, cabréis, cabrán. *Pot. simple.* cabría, cabrías, etc.

SUBJUNTIVO: *Pres.* quepa, quepas, quepa, quepamos, quepáis, quepan. *Pret. impf.* cupiera o cupiese, cupieras o -ses, cupiera o -se, cupiéramos o -semos, cupierais o -seis, cupieran o -sen. *Fut. impf.* cupiere, cupieres, cupiere, cupiéremos, cupiereis, cupieren.

IMPERATIVO: cabe, quepa, cabed, quepan.

CAER. Verbo irregular.

TIEMPOS SIMPLES DEL VERBO CAER

INDICATIVO: *Pres.* caigo, caes, cae, caemos, caéis, caen. *Pret. impf.* caía, caías, caía, caíamos, caíais, caían. *Pret. indef.* caí, caíste, cayó, caímos, caísteis, cayeron. *Fut. impf.* caeré, caerás, caerá, caeremos, caeréis, caerán. *Pot. simple.* caería, caerías, caería, caeríamos, caeríais, caerían.

SUBJUNTIVO: *Pres.* caiga, caigas, caiga, caigamos, caigáis, caigan. *Pret. impf.* cayera o cayese, cayeras o cayeses, cayera o cayese, etc. *Fut. impf.* cayere, cayeres, cayere, cayéremos, cayereis, cayeren.

IMPERATIVO: cae, caiga, caed, caigan.

FORMAS NO PERSONALES: *Inf.* caer. *Ger.* cayendo. *Part.* caído.

CERNER. Se conjuga como *entender*.
CERNIR. Se conjuga como *discernir*.
COMPADECER. Se conjuga como *agradecer*.
COMPARECER. Se conjuga como *agradecer*.
COMPLACER. Se conjuga como *agradecer*.
CONCEPTUAR. Se conjuga como *actuar*.
CONCERNIR. Verbo irregular y defectivo.

CONJUGACIÓN DEL VERBO CONCERNIR

INDICATIVO: *Pres.* concierne, conciernen. *Pret. impf.* concernía, concernían. *Pret. indef.* concernió, concernieron. *Fut. impf.* concernirá, concernirán. *Pot. simple.* concerniría, concernirían.

SUBJUNTIVO: *Pres.* concierna, conciernan. *Pret. impf.* concerniera o concerniese, concernieran o concerniesen. *Fut. impf.* concerniere, concernieren.

FORMAS NO PERSONALES: *Inf.* concernir. *Ger.* concerniendo. *Part.* concernido.

CONCILIAR. Se conjuga como *cambiar*.

CONDESCENDER. Se conjuga como *entender.*
CONDUCIR. Verbo irregular.

TIEMPOS IRREGULARES DEL VERBO CONDUCIR

INDICATIVO: *Pres.* conduzco, conduces, conduce, conducimos, conducís, conducen. *Pret. indef.* conduje, condujiste, condujo, condujimos, condujisteis, condujeron.
SUBJUNTIVO: *Pres.* conduzca, conduzcas, conduzca, conduzcamos, conduzcáis, conduzcan. *Pret. impf.* condujera o condujese, condujeras o -ses, condujera o -se, condujéramos o -semos, condujerais o -seis, condujeran o -sen. *Fut. impf.* condujere, condujeres, condujere, condujéremos, condujereis, condujeren.
IMPERATIVO: conduce, conduzca, conducid, conduzcan.

CONVALECER. Se conjuga como *agradecer.**
CONVERTIR. Se conjuga como *sentir.**
DERRETIR. Se conjuga como *vestir.**
DERRUIR. Se conjuga como *huir.**
DESAFIAR. Se conjuga como *desviar.**
DESAHUCIAR. Se conjuga como *cambiar.**
DESCOLLAR. Se conjuga como *acordar.**
DESCONCERTAR. Se conjuga como *cerrar.**
DESFALLECER. Se conjuga como *agradecer.**
DESLIAR. Se conjuga como *desviar.**
DIVERTIR. Se conjuga como *sentir.**
EMBAUCAR. Se conjuga como *causar.**
EMPOBRECER. Se conjuga como *agradecer.*
ENLOQUECER. Se conjuga como *agradecer.*
ERGUIR. Verbo irregular.

TIEMPOS IRREGULARES DEL VERBO ERGUIR

INDICATIVO: *Pres.* yergo, yergues, yergue, erguimos, erguís, yerguen. *Pret. indef.* erguí, erguiste, irguió, erguimos, erguisteis, irguieron.
SUBJUNTIVO: *Pres.* yerga, yergas, yerga, yergamos, yergáis,

---

yergan. *Pret. impf.* irguiera o irguiese, irguieras o -ses, irguiera o -se, irguiéramos o -semos, irguierais o -seis, irguie-
ran o -sen. *Fut. impf.* irguiere, irguieres, irguiere, irguiére-
mos, irguiereis, irguieren.
IMPERATIVO: yergue, yerga, erguid, yergan.
FORMAS NO PERSONALES: *Ger.* irguiendo.

ERRAR. Verbo irregular.

TIEMPOS IRREGULARES DEL VERBO ERRAR

INDICATIVO: *Pres.* yerro, yerras, yerra, erramos, erráis, yerran.
SUBJUNTIVO: *Pres.* yerre, yerres, yerre, erremos, erréis, yerren.
IMPERATIVO: yerra, yerre, errad, yerren.

EVACUAR. Se conjuga como *averiguar*.*
GLORIARSE. Se conjuga como *desviar*.*
GUARECER. Se conjuga como *agradecer*.
HABITUAR. Se conjuga como *actuar*.
HASTIAR. Se conjuga como *ansiar*.
HELAR. Se conjuga como *cerrar*.
IMBUIR. Se conjuga como *huir*.
INFERIR. Se conjuga como *sentir*.
LICUAR. Se conjuga como *averiguar*; pero también, a veces, como
    actuar.
PLAGIAR. Se conjuga como *cambiar*.
PREVALECER. Se conjuga como *agradecer*.
PROFERIR. Se conjuga como *sentir*.
RADIAR. Se conjuga como *cambiar*.*
RECONCILIAR. Se conjuga como *cambiar*.*
RECRUDECER. Se conjuga como *agradecer*.
REPOBLAR. Se conjuga como *acordar*.
RUMIAR. Se conjuga como *cambiar*.*
SANTIGUAR. Se conjuga como *averiguar*.*
SOBRESEER. Se conjuga como *leer*.
SOLER. Se conjuga como *mover*.
TRANSGREDIR. Verbo defectivo.
VANAGLORIARSE. Se conjuga como *cambiar*.*

VERTER. Se conjuga como *entender*.
VICIAR. Se conjuga como *cambiar*.
YACER. Verbo irregular.

TIEMPOS IRREGULARES DEL VERBO YACER

INDICATIVO: *Pres.* yazco (yazgo, yago), yaces, yace, yacemos, yacéis, yacen.
SUBJUNTIVO: *Pres.* yazca (yazga, yaga), yazcas (yazgas, yagas), yazca (yazga, yaga), yazcamos (yazgamos, yagamos), yazcáis (yagáis), yazcan (yazgan, yagan).
IMPERATIVO: yace, yazca (yazga, yaga), yaced, yazcan (yazgan, yagan).

VOZ PASIVA. Es indudable que la voz activa se adapta mejor que la pasiva a las características del lenguaje televisivo. Siempre será más claro y conciso decir, por ejemplo, *La fe obra milagros* que *Milagros son obrados por la fe.*

La voz pasiva es con frecuencia calco o vehículo de giros impropios de nuestra lengua, procedentes de otros idiomas. Pero, aunque el uso de la voz pasiva sea mucho más restringido que el de la activa, no cabe dudar de su legitimidad. Por este motivo, conviene disponer de algunas orientaciones para evitar errores en su empleo:

1. La pasiva con *se* y verbo en voz activa (llamada *pasiva refleja*) suele constar de sólo dos elementos: verbo y sujeto paciente. Ejemplo: *Se han establecido* (verbo) *ciertas prioridades* (sujeto paciente).

No suele añadirse a los elementos de la oración anterior un complemento agente: ... *por la Cámara Baja*, por ejemplo.

2. No debe imitarse la construcción pasiva de la lengua francesa; por lo tanto, el orden de los elementos de la oración pasiva no debe ser: sujeto paciente + verbo + complemento agente + otro elemento, en oraciones como la siguiente: *Un telegrama ha sido enviado por el director a sus empleados.* En proposiciones como esta, sería más acorde con el carácter de nuestra lengua el orden siguiente: verbo + complemento agente + sujeto paciente + otro complemento: *Ha sido enviado por el director un telegrama a sus empleados.* Pero mejor aún sería la construcción activa: *El director ha enviado un telegrama a sus empleados*, o bien *... ha enviado a sus empleados un telegrama*.

3. Conviene advertir que algunos verbos tienen participio irregular, y que otros cuentan con un doble participio, uno regular y otro irregular.

Verbos de uso frecuente con participio irregular:

VERBO	PARTICIPIO
Absolver	absuelto
Adscribir	adscrito
Anteponer	antepuesto
Circunscribir	circunscrito
Contraponer	contrapuesto
Deponer	depuesto
Describir	descrito
Desdecir	desdicho
Entrever	entrevisto
Imprimir	impreso
Indisponer	indispuesto
Inscribir	inscrito
Posponer	pospuesto
Predecir	predicho
Proscribir	proscrito
Recomponer	recompuesto
Suscribir	suscrito
Trasponer	traspuesto
Yuxtaponer	yuxtapuesto

Cuando se trata de verbos con doble participio, el irregular no suele usarse para la formación de tiempos compuestos, sino como adjetivo: *Arte ABSTRACTO, hombre ATENTO, agua BENDITA...* Existen, sin embargo, algunas excepciones: los participios irregulares *roto, preso, provisto* y *frito* se emplean en los tiempos compuestos, en lugar de sus respectivos participios regulares. Incluimos también una breve lista de verbos con doble participio.

VERBO	PARTICIPIO	
	regular	*irregular*
Abstraer	abstraído	abstracto
Afligir	afligido	aflicto
Atender	atendido	atento
Comprimir	comprimido	compreso
Convertir	convertido	converso
Corromper	corrompido	corrupto
Despertar	despertado	despierto
Difundir	difundido	difuso
Dividir	dividido	diviso
Excluir	excluido	excluso
Extinguir	extinguido	extinto
Freír	freído	frito
Injertar	injertado	injerto
Maldecir	maldecido	maldito
Oprimir	oprimido	opreso
Prender	prendido	preso
Presumir	presumido	presunto
Recluir	recluido	recluso
Suprimir	suprimido	supreso
Teñir	teñido	tinto
Torcer	torcido	tuerto

III. TÉRMINOS FRECUENTEMENTE MAL EMPLEADOS O CUYA APLICACIÓN OFRECE DIFICULTAD

Esta sección pretende orientar al lector sobre el uso de determinados vocablos frecuentemente mal empleados, y poner en guardia contra la aceptación de otros aún no admitidos oficialmente.

Cuando se recogen las erróneas acepciones atribuidas a algunas palabras, se suelen añadir uno o varios ejemplos de las incorrecciones habituales y se ofrece a continuación la expresión correcta.

Los términos precedidos por un asterisco son algunos de los incluidos provisionalmente en el *Diccionario Manual de la Real Academia* (Espasa Calpe, 1989), con su definición igualmente provisional, pero aún no legitimada. Recientemente, no pocos de estos vocablos (los que ofrecemos subrayados) han recibido el refrendo de la Real Academia y están contenidos en la 21.ª edición de su *Diccionario*, que ha visto la luz en septiembre de 1992 (y que designaremos de ordinario por su sigla *DRAE*).

Este capítulo ha sido elaborado en buena parte de acuerdo con el excelente *Diccionario de dudas y dificultades de la lengua española* de don Manuel Seco, de la Real Academia, con su expresa y generosa autorización, que agradecemos muy sinceramente.

ABAJO. Adverbio que se usa con verbos de movimiento (*vamos abajo*). En cambio, *debajo* va con verbos que indican situación (*lo coloqué debajo*).

A BASE DE. «Con fundamento en». Debe distinguirse de «a fuerza de».

ABORDAR. No debe emplearse con el significado de «subir» (a un avión o un buque). Lo correcto es *subir a bordo*, *embarcar*, o simplemente *subir*.

A CAMPO TRAVÉS. Expresión aceptable en el uso deportivo, aunque lo correcto es *a campo traviesa*.

ACCESIBLE. «Que tiene acceso» o «de fácil trato». En cambio, *asequible* significa «que puede conseguirse o alcanzarse».

ACCÉSIT. «Recompensa inmediatamente inferior al premio». No varía en plural.

ACERBO. «Áspero», «cruel». No debe confundirse con el sustantivo *acervo*, que significa «montón».

ACOMPLEJADO. «Persona que padece complejos psíquicos».

ACROBACIA. La *i* no se acentúa. Pronúnciese [akrobácia].

ACRÓPOLIS. «Lugar más alto y fortificado de las ciudades griegas». Es nombre femenino. En plural, no varía.

ACUARIO. Empléese esta palabra con preferencia a la latina «aquarium».

ACUÍCOLA. «Animal o vegetal que vive en el agua».

ADJUNTO. Puede usarse como adverbio: *Adjunto le envío la lista de libros...*, aunque es más normal su uso como adjetivo: *Le envío adjunta la lista de libros...*

ADLÁTERE. «Acompañante». Tiene matiz despectivo. Se usa para los dos géneros.

ADOLECER. No significa «carecer», sino «tener algún defecto». Es incorrecto decir: *el pueblo adolece de agua corriente y electricidad* (en lugar de: *el pueblo carece de agua corriente y electricidad*). Pero se diría bien: *Su estilo adolece de vaguedad* o *adolece de ser prolijo*.

ADONDE. Debe escribirse en una sola palabra cuando su antecedente está expreso: *Esa es la ciudad adonde vamos*; y en dos (*a donde*) cuando el antecedente no está expreso: *Nos encaminamos a donde tú estabas*.

Como adverbio interrogativo, se usa con verbos de movimiento y lleva acento ortográfico en la *o*: *¿A dónde lo llevaron?*

AEROBÚS. Es la traducción correcta del inglés o francés *airbus*. Sin embargo, el uso común se inclina por *airbus*.

AERÓDROMO. Es palabra esdrújula.

* AEROSPACIAL. «Perteneciente o relativo a la navegación aérea».

AFFAIRE. Galicismo innecesario. Dígase *negocio, caso, asunto*, según sea el contexto.

AFRODISIACO. La Academia prefiere este vocablo como esdrújulo, pero lo admite también como llano.

AGRAVANTE. Como adjetivo sustantivado, se usa con ambos géneros, pero es preferible en femenino: *El fiscal añadió una agravante*.

AGRESIVO. Es un anglicismo usar este vocablo con los significados de «activo», «dinámico», «emprendedor»: *La emisora X. X. busca reporteros AGRESIVOS*. Sería más correcto decir *reporteros dinámicos*, a no ser que la emisora desee realmente reporteros dispuestos a atacar, provocar u ofender a la gente, pues eso significa «ser agresivo», según el DRAE.

A LA HORA. Es galicismo en frases como: *El tren iba a 100 kilómetros a la hora*; lo correcto es: *... a 100 kilómetros por hora.*

ALAUÍ. «Perteneciente a la dinastía que reina en Marruecos». Plural: «alauíes». La forma «alauita» es calco del francés «alaouite».

ÁLBUM. Plural: *álbumes*. En música, el álbum contiene más de un disco.

ALÉRGENO. «Sustancia que desencadena el fenómeno alérgico». Se ha usado como palabra llana. Pero, teniendo en cuenta que esta acentuación era anormal, pues todas las demás palabras formadas con el mismo elemento compositivo griego, -geno, son esdrújulas, la Academia le ha dado también recientemente esta acentuación.

ÁLGIDO. «Muy frío.» Sin embargo la Academia admite también este adjetivo con el significado de «crítico» o «culminante»: *El enfrentamiento entre las delegaciones llegó a un punto álgido...*

ALGUACIL. Es del género masculino. Si una mujer desempeña este cargo, puede llamarse *alguacila*, como se llama *abeja albañila* la que hace agujeros en las tapias. La mujer del alguacil es la *alguacilesa*.

ALIMENTARIO. «Propio de los alimentos». Lo que alimenta es *alimenticio.*

AL OBJETO DE. Expresión impropia. *Ha venido AL OBJETO DE hablar conmigo* (en lugar de: *Ha venido CON EL OBJETO DE hablar conmigo*).

ALREDEDOR. Se escribe en una sola palabra.

AL RESPECTO DE. Expresión incorrecta. *He pensado AL RESPECTO DE lo que me has dicho* (en lugar de *he pensado RESPECTO A lo que me has dicho*»).

ALTA. Como sustantivo singular, va precedido por *el*: *El médico me dio EL ALTA*; no así cuando se emplea como adjetivo: *LA ALTA fiebre que tenía el enfermo.*

Evítese el anglicismo *alta velocidad*. Debe decirse *gran velocidad.*

ALTERNATIVA. El uso ha desvirtuado el sentido originario de este vocablo («opción entre dos cosas»). Así, se llama *alternativa* a un partido político, aunque existan más de dos entre los que se pueda optar.

ALTO EL FUEGO. Se utiliza como palabra única: *un alto el fuego.*

Puede ser una decisión unilateral. Cuando se suspenden las hostilidades de mutuo acuerdo, hay una *tregua*.

ALUNIZAR. «Posarse una nave espacial o un tripulante de ella en la superficie de la Luna».

ALVEOLO. La forma etimológica de este vocablo es la esdrújula; pero también es correcta la forma llana.

A MERCED DE/MERCED A. No son expresiones equivalentes. *A merced de* significa «sometido a»; *merced a* quiere decir «gracias a».

AMÉRICA LATINA. El término *América Latina* abarca los países que tienen lenguas procedentes del latín: español, francés y portugués. Tiene, pues, una acepción más amplia que *Iberoamérica*, que comprende países americanos con lenguas originarias de la península ibérica, es decir, aquellos en que se habla portugués o español. *Hispanoamérica* se refiere al conjunto de los países americanos de lengua española.

AMNISTÍA. Por definición, siempre es de carácter general. No debe, pues, confundirse con *indulto*, que es la condonación total o parcial de una pena a un solo condenado.

AMONÍACO. Son válidas las dos formas de esta palabra: esdrújula y llana.

ANABOLIZANTE. «Producto químico utilizado para aumentar la intensidad de los procesos metabólicos en el organismo».

ANCESTRO. La Academia lo ha admitido como sinónimo de *antepasado*.

ÁNDALUS. Es palabra esdrújula y va precedida por el artículo *el*. Es el nombre árabe de la España musulmana, no de Andalucía.

ANEXO. «Unido o agregado a otras cosas con independencia de ellas». Usado como adjetivo, equivale a *anejo*.

ANIMACIÓN. Puede usarse con el significado de «técnica por la cual adquieren movimiento aparente los dibujos».

A NIVEL. Esta expresión, de origen foráneo, debe evitarse, a no ser que se refiera a verdaderos niveles físicos (por ejemplo, en un edificio, en una montaña). No es correcta la frase *antes de ser aprobada la ley, había sido debatida A NIVEL de comisiones parlamentarias*.

ANTAGONIZAR. Evítese este neologismo, que pretende sustituir a *enfrentarse*.

ANTERIORMENTE A. No es expresión correcta: *ANTERIORMENTE AL acto, se distribuyó un resumen del discurso*; dígase: *ANTES DEL acto...*

ANTI. Cuando forma parte de una palabra compuesta, no se interpone un guión. Se escribe, por ej., *anticonceptivo*, no *anti-con-ceptivo*. Véase, no obstante, pág. 33: GUIÓN, nº 3

ANTICONCEPCIÓN. Empléese esta palabra en lugar de *contra-cepción*.

ANTIMONOPOLIO. En construcciones como *se prepara una ley antimonopolio*, debe preferirse el adjetivo *antimonopolística*: *Se prepara una ley ANTIMONOPOLÍSTICA.*

ANTIOQUÍA. El nombre de la ciudad turca se pronuncia [antio-kía]; en cambio, el de la ciudad colombiana, que no lleva acento gráfico, se pronuncia [antiókia].

ANTÍPODA. «Persona que vive en el lugar opuesto del globo». Este vocablo suele emplearse en plural y en masculino.

AÑO. Las fecha se escriben sin punto de separación entre el millar y la centena. Es correcto *año 1992*. No lo es *año 1.992*.

APARCAR. Metáfora que se usa con demasiada frecuencia en el ámbito parlamentario. *Se aparcan* presupuestos, proyectos de ley... Convendría recordar que existen otros verbos que expresan la misma idea: *dejar pendiente, aplazar, retener...*

APARENTE. «Que parece y no es»: *Les sorprendió su APARENTE indiferencia.* En cambio, es galicismo o anglicismo usar esta palabra con el significado de «notorio» o «evidente»: *El orador cayó en contradicciones APARENTES* (en lugar de *El orador cayó en contradicciones EVIDENTES).*

APARTAMENTO. «Habitación, vivienda». En algunos países his-panoamericanos dicen, para designar lo mismo, *departamento* o *apartamiento.*

APOCALIPSIS. Último libro del Nuevo Testamento. Tiene género masculino.

APÓSTROFO. «Signo ortográfico que se usa en algunos idiomas para indicar la elisión de una vocal: *O'Donnell, don't you take».* No debe confundirse con el *apóstrofe* (figura retórica que con-siste en cortar de pronto el hilo del discurso para dirigir con ve-hemencia la palabra a sí mismo o a otro).

APOTEOSIS. «Reconocimiento de la dignidad de dioses a los hé-roes, entre los paganos». «Culminación espectacular». Es pala-bra del género femenino.

APRECIABLE. Es anglicismo usar este vocablo con el significado de «importante», «cuantioso», «considerable»: *Protestó al com-probar que le habían hecho una subida de precio muy APRE-CIABLE* (en lugar de *... muy CONSIDERABLE).*

APRECIACIÓN. Este vocablo no equivale a *revalorización*. Significa «acción de apreciar», en el sentido de «fijar el precio de las cosas». Por lo tanto, es incorrecta la frase: *la peseta SE HA APRECIADO con respecto al dólar* (en lugar de *la peseta SE HA REVALORIZA-DO con respecto al dólar*), o *asistimos a la APRECIACIÓN del marco frente al resto de las divisas* (en lugar de *asistimos a la RE-VALORIZACIÓN del marco frente al resto de las divisas*).

APUNTE. Esta palabra podría traducir el inglés *sketch*, que designa un género dramático menor, una escena cómica o una historieta escenificada.

A RAÍZ DE. Evítese esta muletilla, incorrectamente empleada con el sentido de «por», «debido a», «a consecuencia de». *A raíz de* equivale a *inmediatamente después de*: *A RAÍZ DE* la persecución.

ARGOT. El diccionario de la Real Academia incorpora esta palabra como equivalente de *jerga*, *jerigonza*, o bien «lenguaje especial entre personas de un mismo oficio».

ARMAMENTISTA. «Partidario de los armamentos». Es impropio el uso de este adjetivo en la frase: *el presidente se mostró contrario a la carrera ARMAMENTISTA* (en lugar de: *... contrario a la carrera DE ARMAMENTOS*).

ARMAZÓN. Puede usarse como masculino o femenino.

ARRELLANARSE. «Acomodarse en el asiento». No es correcto «arrellenarse». No procede de *relleno*, sino de *rellano*.

ASCENDENCIA. «Serie de ascendientes o antecesores de una persona». Este vocablo se confunde a veces indebidamente con *ascendiente*, que, aparte de «padre», «madre», «abuelo», etc., significa también «influencia» o «predominio moral» que se tiene sobre alguien. Por eso no es correcto decir: *el tutor tenía gran ASCENDENCIA sobre el niño* (en lugar de: *tenía gran ASCENDIENTE sobre el niño*).

ASINCRONISMO. «Falta de coincidencia en los hechos o de simultaneidad en el tiempo».

ASUMIR. «Atraer a sí», «tomar para sí o sobre sí». El nuevo DRAE añade los significados de «adquirir» y «tomar una forma mayor». Evítese el anglicismo de atribuir a este verso el significado de «suponer» o «presumir». No es correcta la frase: *ASUMO que el tren llegará con retraso* (en lugar de: *SUPONGO que el tren llegará con retraso*).

ATERRIZAJE DE EMERGENCIA. Esta expresión es calco de la inglesa «emergency landing». En buen español se dice «aterrizaje forzoso».

ATESORAMIENTO. «Retención de dinero o riquezas, sin incidencia en la actividad económica».

ATRAVESAR POR. Elimínese la preposición *por* en frases como *la crisis económica (por) que atraviesa el país*.

AUDITAR. «Examinar la gestión económica de una entidad a fin de comprobar si se ajusta a lo establecido por ley o costumbre».

AUDITORIO. Este vocablo es preferible a *auditorium*.

AUSTRIACO. Es palabra esdrújula o llana. Es preferible la segunda forma.

AUTODEFENSA. Dígase, mejor, *defensa propia*.

AUTODIDACTO. Úsese esta forma para el masculino, y *autodidacta* para el femenino.

AUTOMOVILISTA. Es sustantivo. El adjetivo correspondiente es *automovilístico*.

AUTOSERVICIO. Es un «sistema de venta en que el cliente toma por sí mismo los artículos y los paga al salir del local», y también un «sistema análogo que se emplea en algunos restaurantes, bares y cafeterías». *Autoservicio* traduce perfectamente el inglés «self-service», que resulta, por consiguiente, innecesario.

BABEL. Admite dos géneros: masculino y femenino.

BACARRÁ o *bacará*. Ambas formas pueden emplearse.

BAJAMAR. Es del género femenino.

BAJO EL PUNTO DE VISTA. Expresión de origen francés. Debe decirse *desde el punto de vista*.

BAJORRELIEVE. Plural: *bajorrelieves*. Son también aceptables, aunque menos frecuentes, las formas *bajo relieve* y *bajos relieves*.

BALANCE. Voz tomada de la disciplina económica; es la «confrontación del activo y del pasivo para averiguar el estado de los negocios o del caudal».

En los trabajos periodísticos, se emplea a veces incorrectamente este vocablo, atribuyéndole otros significados. Así, por ejemplo, se dice: *La catástrofe ha tenido un balance de cien víctimas* (en lugar de *la catástrofe ha causado cien víctimas*); o *dos muertos y cuarenta heridos son el balance del accidente* (en lugar de *en el accidente han resultado muertas dos personas, y heridas cuarenta*).

BALDE. No es igual *de balde* («gratis») que *en balde* («en vano»).

BAMBÚ. La Academia acepta como plural *bambús* y *bambúes*. El uso culto prefiere esta segunda forma.

BAREMO. Según el Diccionario de la Academia, 3.ª aceptación, es «un conjunto de normas establecidas convencionalmente para evaluar los méritos personales, la solvencia de empresas, etc.». No debe, pues, usarse en plural, como si fuese equivalente a *criterio*: *Disponemos de otros BAREMOS para valorar la transición política* (en lugar de *disponemos de otros CRITERIOS para valorar la transición política*).

BASE. La locución *en base a*, muy frecuente en los escritos jurídicos, económicos, etc., debe ser sustituida por *a base de*, *sobre la base de* o *basándose en*.

BATERÍA. Se denomina así tanto al conjunto de instrumentos de percusión en una banda u orquesta, como el músico que toca en él.

BENDECIDO. Empléese como participio: *El agua fue bendecida por el cura párroco*; y úsese *bendito* como adjetivo: *pan bendito*, *agua bendita*.

BERÉBER. Natural de Berbería. La forma preferible es *beréber*, pero la Academia admite también *bereber* y *berebere*.

BIBELOT. Galicismo innecesario. La palabra española equivalente es *figurilla*.

BIKINI. «Conjunto femenino de baño». La Academia prefiere que se escriba con *q*: *biquini*.

BILLÓN. En español, «un millón de millones». También tiene este significado el término «billion» en inglés británico, pero en EE.UU. *billion* significa *mil millones*.

BIMENSUAL. No debe confundirse con *bimestral*. Es *bimensual* lo que se hace u ocurre dos veces al mes; *bimestral*, lo que se repite cada dos meses.

BISTEC. «Lonja de carne». Puede decirse también *bisté*, pero es preferible la primera forma.

BISTURÍ. Su plural normal es *bisturíes*, pero la forma *bisturís* es muy frecuente.

BÍTER. «Licor alcohólico amargo». Así adapta la Academia la voz inglesa *bitter*.

BIZARRO. «Gallardo», «valeroso». Es galicismo o italianismo cuando se usa con el sentido de «extravagante» o «caprichoso»: *El profesor chiflado adoptó una actitud bizarra*.

BLOQUEAR. «Realizar una operación militar o naval consistente en cortar las comunicaciones de una plaza, puerto, territorio o ejército». No debe atribuirse a este verbo la acepción de «impedir» o «interrumpir» el tránsito de algo. Es, pues, incorrecto decir: *La comisión ha bloqueado el paso del proyecto de Ley al pleno del Congreso* (en lugar de *La Comisión ha impedido el paso del proyecto de Ley al pleno del Congreso*).

BOICOT. «Acción de privar a una persona o entidad de toda relación social o comercial para perjudicarla y obligarla a ceder en lo que de ella se exige». Es admisible el empleo de este vocablo, tomado de inglés *boycott*, aunque la Academia prefiere la forma *boicoteo*.

BOÎTE. «Sala pública de baile». Palabra francesa de uso ya común en español; se pronuncia [buát]. Es del género femenino. Y su plural es *boîtes*.

BOUTIQUE. «Tienda de ropa de moda y de temporada».

BRANDY. «Nombre que, por razones legales, se da hoy comercialmente a los tipos de coñac elaborados fuera de Francia y otros aguardientes».

BREVEDAD. Evítese la expresión *a la mayor brevedad*. Lo correcto es *CON la mayor brevedad*.

BREVES MINUTOS. Todos los minutos tienen la misma duración. Por consiguiente, en lugar de *la esperó durante breves minutos*, es más lógico decir: *la esperó durante unos minutos*.

BRICOLAJE. «Actividad manual que se manifiesta en obras de carpintería, fontanería, electricidad, etc., realizadas en la propia vivienda sin acudir a profesionales».

* BRIDGE. Como nombre de un juego de naipes de origen inglés, este vocablo no tiene traducción al español; se pronuncia [brich].

* BRIEFING. Anglicismo innecesario. Puede traducirse por «sesión informativa».

BRONCEADOR. «Sustancia cosmética que produce o favorece el bronceado de la piel».

BUDÍN. Así, y también como *pudín*, adapta la Academia la voz inglesa *pudding*. Se oye y se lee también con frecuencia [pudin], con acentuación llana, como la de la palabra inglesa.

BUFÉ. Adaptación del francés *buffet*.

BUHARDILLA. Aunque es la forma más usual, son también correctas *guardilla* y *bohardilla*.

* BULDOG (o «bulldog»). Es el nombre inglés del perro dogo o «de presa».

BUNGALÓ. «Casa pequeña de una sola planta que se suele construir en parajes destinados al descanso».

BÚNKER. «Fortín, fuerte pequeño».

BUQUÉ. «Aroma del vino».

BUSCA. Se dice *orden de busca y captura*, no *orden de búsqueda y captura*.

CABARET. Palabra en desuso, sustituida con ventaja por «sala de fiestas».

CABE. Preposición: «cerca de» o «junto a». Se usa sólo como arcaísmo deliberado en poesía: *Se desmayó cabe su ventana.*

CABILA. «Tribu de beduinos o de beréberes». Es palabra llana.

CABLEAR. «Unir mediante cables las diferentes partes de un dispositivo eléctrico».

CACAHUETE. Es la forma normal. Puede decirse también *cacahué* o «cacahuey»; pero no «alcahués».

* CACAO. En sentido figurado, «jaleo», «alboroto».

CACEROLADA. «Protesta mediante una cencerrada de cacerolas».

CACTO o *cactus*. Pueden emplearse las dos formas, aunque es preferible la primera.

CADENA. «Equipo estereofónico compuesto por diversos aparatos de reproducción de sonido, independientes uno de otro».

CAER. Es verbo intransitivo e irregular. No debe emplearse como transitivo, con el significado de «tirar», «hacer caer» o «dejar caer». Sería incorrecto decir: *Pedro terminó CAYENDO todas las sillas* (en lugar de: *Pedro terminó TIRANDO todas las sillas*).

CAFÉ. Su plural es *cafés*, no *cafeses*. La expresión «café negro» es calco de la francesa «café noir». En buen español se dice *café solo*.

CAINITA. «Perteneciente o relativo a Caín».

CALCOMANÍA. «Imagen que se pasa por contacto de un papel a otra superficie». Evítese el vulgarismo *calcamonía*.

CALIDOSCOPIO o *caleidoscopio*. Es preferible la primera forma.

CALIGINOSO. No significa, como se cree a veces, caluroso, sino «denso», «oscuro» o «nebuloso».

CALÍOPE o *Caliope*. «Musa de la poesía épica». Puede pronunciarse como palabra esdrújula o llana. Es preferible la esdrújula.

CÁMARA. «Persona que maneja la cámara en la filmación de una película». Este vocablo vale para los dos géncros, si bien, aplicado a la mujer («la cámara»), puede confundirse con el instrumento para filmar. Por eso, en este caso, es mejor denominarla *la operadora* o *la camarógrafa*.

La expresión *chupar cámara* se ha incluido en el Diccionario de la Academia con la acepción de «en fotografía, y sobre todo en televisión, situarse en primer plano, en detrimento de otras personas».

CAMIONETA. Es un camión pequeño, no un *autocar*, ni un *coche de línea* o un *autobús*.

CAMPUS. «Conjunto de terrenos y edificios pertenecientes a una universidad».

CANAL. Suele usarse en masculino cuando significa «cauce», «estrecho», «conducto anatómico» o «banda de frecuencias de TV»; como femenino con las acepciones de «concavidad longitudinal», «estrecho natural de límites no visibles» o «res abierta en canal».

CANCILLER. Es la denominación del Ministro de Asuntos Exteriores en algunos países americanos.

CANELÓN o *canalón*. Puede denominarse de estos dos modos el «rollo de pasta de harina, relleno de carne, pescado, etc.». El plural correcto es *canelones* o *canalones*, pero no *canelonis*, híbrido de los plurales italiano *cannelloni* y español *canelones*.

* CANNABIS. «Palabra con que se designa a veces la planta de la que se extrae el hachís». En español se denomina *cáñamo índico*.

CANTAUTOR. «Cantante, por lo común solista, que suele ser autor de sus propias composiciones, en las que prevalece sobre la música un mensaje de intención crítica o poética».

CANTIGA o *cántiga*. Es preferible la primera forma, por ser, con mucho, la más usada.

CAPARAZÓN. Es del género masculino.

CAPAZ. Se confunde a veces con *susceptible*. *Capaz* indica una cualidad activa: por ej., *el Gobierno es CAPAZ de modificar los Presupuestos*; en cambio, *susceptible* designa una cualidad pasiva: *el proyecto de ley es SUSCEPTIBLE de reforma*.

CAPÓ. «Cubierta del motor del automóvil». Úsese este vocablo, adoptado por la Academia, en lugar de *capot* (forma francesa). Su plural es *capós*.

CAPTOR. Anglicismo empleado a veces en lugar de *secuestrador*.

CARA. Evítense las expresiones *cara a* o *de cara a*, y sustitúyanse, según los casos, por *con vistas a* o *ante*. Ejemplos: *CON VISTAS AL nuevo curso, que comienza hoy*; o *cambió de parecer ANTE las dificultades que surgieron*.

CARABINERO. «Soldado destinado a la persecución del contrabando». No es igual a *carabiniere* (agente de policía italiano).

CARÁCTER. Plural, *caracteres*. No debe traducirse por esta palabra la voz inglesa *character*, sino por *actor* o *personaje* (en el reparto de obras de teatro, radio o televisión).

CARIES. Esta forma vale para el singular y el plural.

CARIOCA. «Natural de Río de Janeiro». No es sinónimo de *brasileño*. Todos los *cariocas* son brasileños, pero no al revés.

CARISMA. Según el DRAE, es «don gratuito que concede Dios con abundancia a una criatura», y, por extensión, «cualidad que tienen algunas personas, como políticos, religiosos, actores, etc., que atraen vivamente a las muchedumbres». Se trata, pues, de una cualidad excepcional que en las informaciones se atribuye a veces con excesiva ligereza a algunos personajes.

CARMESÍ. Como sustantivo, tiene el plural *carmesíes*. Como adjetivo, no suele variar al pasar al plural: *unas flores carmesí*.

CARMÍN. Como adjetivo, no varía en plural.

CARNÉ. Debe emplearse esta forma con preferencia a *carnet*, que también está admitida por la Academia.

CARRUSEL. «Especie de tiovivo». Versión aceptada por la Academia de la voz francesa *carrousel*.

CARTEL. La palabra es aguda, tanto si significa «anuncio», como «convenio entre empresas para evitar la mutua competencia y regular la producción y los precios».

CASA-CUARTEL. Es del género femenino. Su plural, *casas-cuarteles*.

CASETE. De esta forma adapta la Academia la palabra francesa *cassette*. En España, suele emplearse como voz femenina para designar la «cajita de plástico que contiene una cinta magnetofónica», y masculina para denominar un magnetófono.

CASI. Evítese el vulgarismo de anteponer este adverbio a la conjunción *que*: *Casi QUE parecía una visión* (en lugar de *casi parecía una visión*).

CASO DE. Construcción equivalente a *en caso de*; pero más coloquial y menos culta.

CENIT. «Punto del hemisferio celeste que corresponde verticalmente a un lugar de la Tierra». Es palabra aguda.

CENTI. La *i* de este elemento compositivo es tónica en la palabra *centímetro*, y átona en otros vocablos, como *centigramo* y *centilitro*.

CERCA. Se usa como superlativo de este adverbio *cerquísima*.

CESAR. Es verbo intransitivo. Por eso es incorrecta la frase: *El Mi-*

nistro HA CESADO al Director General. Lo correcto es decir: *El Ministro HA DESTITUIDO al(o HA ORDENADO EL CESE del) Director General.*

CESTA DE LA COMPRA. «Precio de los alimentos».

CIEN. Apócope de *ciento.* Úsese siempre delante de un sustantivo: *Iba a CIEN kilómetros por hora.*

CIENTIFICISMO. «Tendencia a dar excesivo valor a las nociones científicas». Las formas «cientifismo», «cientismo» son incorrectas.

* CIERRAOJOS, (A). «Sin pensar, sin reflexionar».

CIERRE PATRONAL. «Cierre de una o varias unidades de producción por los patronos para obligar a los trabajadores a que acepten las decisiones que ellos tratan de imponer». Debe desterrarse el término inglés *lock-out.*

CIERTO. Su superlativo puede ser *certísimo* o *ciertísimo.* La primera forma es más culta; la segunda, más usada.

CIFRAR. «Transcribir en guarismos, letras o símbolos convencionales un mensaje cuyo contenido se quiere ocultar a quien no conozca la clave». La Academia no acepta para este verbo el significado de «valorar cuantitativamente, en especial pérdidas y ganancias». Por lo tanto, no es correcta la frase: *La empresa cifra sus pérdidas en 200 millones* (en lugar de: *calcula que ha tenido unas pérdidas...*).

CISMA. «Separación de un grupo respecto de una comunidad». Es una palabra que se usa sólo en el género masculino. El uso femenino que le reconoce la Academia está completamente anticuado.

CLÍMAX. «Gradación retórica ascendente»; «punto más alto o culminante». En plural, no varía.

CLUB. Plural, *clubes.*

COCHE-CAMA. Plural, *coches-cama.*

CÓCTEL. Esta palabra (plural, *cócteles*) tiene la doble acepción de «bebida compuesta de varios licores» y «fiesta social en que se sirven refrescos y otras bebidas».

COFRADE. «Miembro de una cofradía o hermandad». Vale para ambos géneros.

COGER. Es sinónimo de *tomar,* pero no de *caber.* Sería incorrecta la frase: *Estos libros no me COGEN en la biblioteca.*

* COLABORACIONISMO. «Actividad de la persona que colabora con el enemigo en tiempo de guerra».

COLEGA. Vale para ambos géneros.

COLIGARSE. «Unirse, confederarse unos con otros para algún fin». La forma *coaligarse*, influida por *coalición*, es incorrecta.

COMENTAR. «Explicar (una cosa) o exponer opiniones (sobre ella)». A veces se usa indebidamente este verbo en sustitución de *contar*, que significa «referir un suceso, sea verdadero o fabuloso».

CÓMIC. Es adaptación de la palabra inglesa *comic*. Su plural sería *comics*. Significa «serie o secuencia de viñetas». Podría sustituirse por «tira cómica» o «historieta dibujada».

COMPARTIMENTO (o *compartimiento*). «División independiente» en un recinto.

COMPATIBILIZAR. «Hacer compatible».

COMPLOT. «Conjura o confabulación». Puede escribirse también *compló* (en plural, *complós*).

COMPUTADORIZAR. «Someter datos al tratamiento de una computadora». La Academia ha dado acogida a este verbo, pero no a «computarizar», «computerizar» o «computorizar», torpes adaptaciones del inglés *computerize*.

CONCERTACIÓN. Se usa ahora esta palabra como calco del francés *concertation*, con el sentido de «acuerdo», o «concierto»; pero es preferible cualquiera de estos dos últimos vocablos.

CONCIENTIZAR. Verbo rechazable, igual que *concienzar*. Dígase *concienciar*.

CONCLAVE (o *cónclave*). «Junta de cardenales para elegir Papa». Etimológicamente, es palabra llana; pero se usa más como esdrújula. La Academia admite ambas acentuaciones, aunque prefiere la primera.

CONDUCTISMO. «Método de observación psicológica que estudia las relaciones entre el estímulo y el comportamiento». El término *behaviorismo* que algunos aplican a este significado es calco del inglés *behaviourism*.

CONFETI. Esta adaptación al español del nombre italiano *confetti* se usa como singular. Su plural es *confetis*.

* CONFORT. «Comodidad» o «bienestar».

CONGRESUAL. «Relativo al congreso.» Puede usarse esta voz, pero no *congresional*, calco del inglés *congressional*.

CONLLEVAR. Puede aceptarse el uso de este verbo con el significado de «implicar», «suponer» o «acarrear».

CONQUE. Conjunción que introduce una consecuencia natural de lo que acaba de decirte: *Está de buen humor, CONQUE puedes estar tranquila.* Distíngase esta conjunción de la preposición *con* seguida del relativo *que*: *Éstos son los medios CON QUE cuento.*

CONSANGUINIDAD (o *consanguineidad*). Las dos formas son válidas. La Academia sólo registra la primera.

CONSENSUAL. «Perteneciente o relativo al consenso».

CONSULTORÍA. «Actividad de consultor o asesor en asuntos profesionales»; y también «el despacho u oficina en que se ejerce tal actividad». Es totalmente innecesario el extranjerismo *consulting*.

CONTEMPLAR. «Poner la atención en algo, considerar, juzgar». Este verbo se emplea incorrectamente en frases como: «El precepto del Código Civil CONTEMPLA los derechos de los cónyuges...» (cuando lo que se quiere decir es que «incluye», «establece», «regula»...).

CONTENCIOSO. Ni siquiera en el lenguaje jurídico equivale a *litigio*, puesto que solamente algunos procesos son contenciosos. En lugar del *contencioso* sustantivado, debe decirse *asunto litigioso* o, sencillamente, *litigio*: *El LITIGIO pendiente entre Argentina y Chile...*

CONTENEDOR. «Embalaje metálico grande y recuperable». Así traduce la Academia la voz inglesa *container*.

CONTESTAR. La Academia ha incluido en su diccionario, para este verbo, la acepción (de origen francés) de «adoptar actitud polémica y a veces de oposición o protesta violenta contra lo establecido».

CONTEXTO. «Conjunto del texto que precede y que sigue» y, por extensión «conjunto de circunstancias acompañantes». A veces, se abusa de este vocablo para significar «ámbito», «situación»: «En el contexto de las relaciones entre los dos partidos»; o se emplea innecesariamente: «En el CONTEXTO de la reunión, el diputado declaró...». En este último caso, se habría evitado la ociosa perífrasis diciendo: «En la reunión, el diputado declaró...».

CONTRA. Debe evitarse el uso de este vocablo con el significado de «cuanto». Es incorrecta la frase: *CONTRA más culto, más humilde* (en lugar de *cuanto más culto, más humilde*). Igualmente es rechazable el galicismo *por contra*, en vez de *en cambio*.

CONTRAALMIRANTE o *contralmirante*. Pueden usarse las dos formas, pero la Academia prefiere la primera.

CONTRALUZ. Aunque esta palabra es del género femenino, suele usarse como masculina.

CONTRICIÓN. «Arrepentimiento». Lleva una sola *c* en la terminación.

CONVOY. Plural, *convoyes*.

CÓNYUGE. Vale para los dos géneros. No debe caerse en el error, bastante frecuente, de pronunciar «cónyuGUE».

COÑAC. Plural, *coñacs*.

CORROBORAR. «Dar mayor fuerza a la razón... con nuevos raciocinios». Se usa a veces erróneamente este verbo en forma pronominal con el sentido de «ratificarse», que, según el diccionario de María Moliner, se emplea seguido de la preposición *en* y significa «declarar ser cierto o válido algo dicho, declarado, prometido, etc., anteriormente». *Corroborar* no tiene ese sentido.

COTIDIANIDAD. «Condición de cotidiano». No es correcto *cotidianEidad*, pues no existe el adjetivo *cotidiáneo*.

COTIZAR. «Pagar una cuota» o «publicar en voz alta el precio de los valores en Bolsa». Es incorrecta la frase: *Las acciones COTIZARON ayer a la baja* (en lugar de: *las acciones SE COTIZARON ayer a la baja*).

CULTIVADO. «Dícese del que ha adquirido cultura y refinamiento».

CHAGÜÍ. «Pajarito que abunda en el litoral ecuatoriano y es algo así como el gorrión en España». Se dice que trae buena suerte. Su nombre es *chagüí*, no *chogüí*.

CHALADURA. «Extravagancia», «locura», «manía», «enamoramiento».

CHALÉ. Plural, *chalés*. La Academia admite también *chalet*, pero esta forma se usa cada vez menos.

CHAMPÚ. Su plural es *champús* o *champúes*.

CHAPITEL. «Remate de las torres que se levanta en figura piramidal». No debe confundirse con *capitel*: «parte superior de la columna».

CHAQUETEAR. «Huir ante el enemigo», y también «dejar el bando o partido que se seguía, y adoptar el contrario».

CHÁRTER. «Vuelo fletado ex profeso, al margen de los vuelos regulares».

CHEF. Galicismo por *primer cocinero*.

- DAD. No debe confundirse la terminación de los sustantivos abstractos derivados de adjetivos terminados en *io* con la de los derivados de adjetivos terminados en *eo*. Los primeros terminan en

-iedad: de *arbitrario*, *arbitrariedad*; los segundos, en *-eidad*: de *espontáneo*, *espontaneidad*.

DANDY. «Hombre que viste según la moda elegante». Suele escribirse este nombre con *y*, aunque la Academia prefiere la forma *dandi*.

DANTE. Es incorrecto anteponer el artículo al nombre del autor de la *Divina Comedia*: *el Dante*. Se antepone correctamente el artículo no al nombre de pila, sino al apellido de autores, pintores, etc., italianos. Así, se dice correctamente: *el Tasso*, pero no *el Torquato* ni *el Torquato Tasso*; sería correcto decir *el Alighieri*, pero no *el Dante* ni *el Dante Alighieri*.

DAR. La locución *dar de sí* sólo se usa en tercera persona.

DÁRSENA. «Parte resguardada artificialmente, en aguas navegables, para carga y descarga». Evítese el empleo del término inglés *dock*.

DEBACLE. «Desastre».

DEBER. Este verbo, acompañado de infinitivo, indica obligación: *El alumno DEBE estudiar*. Acompañado de un infinitivo precedido de la preposición *de* indica suposición: *El profesor DEBE DE haber llegado ya* (= probablemente ha llegado ya).

DEBUT. Es adaptación del francés *début* admitida por la Academia. Significa «presentación o primera actuación en público de una compañía teatral o de un artista», y por extensión, «primera actuación de alguien en una actividad cualquiera».

DECANTARSE. Forma pronominal del verbo *decantar*, que suele usarse metafóricamente para significar «aclararse», «ponerse en claro». La Academia ha admitido también este verbo para el significado de «decidirse»: *La opinión SE HA DECANTADO a favor de...* (equivale a: *la opinión SE HA DECIDIDO a favor de...*).

DECRETO-LEY. Su plural es *decretos-leyes*, no *decretos-ley*.

DEFLAGRACIÓN. No es lo mismo que *explosión*. Según el DRAE, *deflagrar* es «arder una sustancia súbitamente con llama y sin explosión».

DEFORME o *disforme*. Ambas formas son correctas, aunque el uso general prefiere la primera.

DELANTE. Adverbio de lugar. Es incorrecta la construcción «delante + posesivo»: *Pasó la puerta DELANTE MÍO* (en lugar de *pasó la puerta DELANTE DE MÍ*).

DEMÁS. Adjetivo indefinido invariable en cuanto al género y al número: *los demás*, *las demás*, *lo demás*.

DEMONÍACO o *demoniaco*. La Academia prefiere la forma esdrújula: *demoníaco*.

DESAYUNAR. Se emplea este verbo como transitivo: *HE DESAYUNADO café y tostadas*; o como intransitivo: *Esta mañana no HE DESAYUNADO*. También se puede usar la forma pronominal: *ME HE DESAYUNADO*. En tal caso, si se añade un complemento como «café y tostadas», debe anteponerse a éste la preposición *con*: *me he desayunado con café y tostadas*.

DESCOMPRESOR. «Aparato o mecanismo para disminuir la presión».

DESIDERATA. «Conjunto de lo que se echa de menos, ya sea material o inmaterial».

El singular, *desiderátum*, está incorporado al DRAE con el significado de «objeto y fin de un deseo».

DESMENTIDA. «Acción y efecto de desmentir». Puede usarse también *mentís*, con el mismo sentido. En América se usa *desmentido* para significar lo mismo.

DESODORIZANTE. «Sustancia que se usa en las industrias químicas, cosméticas y alimentarias, para desodorizar».

DESPUÉS. Adverbio. Con la conjunción *que*, precedida o no de la preposición *de*, forma las locuciones conjuntivas *después que* y *después de que*. Está de moda entre periodistas la incorrecta construcción «después de que + imperfecto de subjuntivo»: *El profesor se incorporó a su cátedra DESPUÉS DE QUE RECIBIERA el nombramiento. Tres vehículos saltaron por los aires DESPUÉS DE QUE ESTALLARA la carga explosiva*. Lo correcto es «después de + infinitivo», si realmente hay posteridad de una acción con relación a la otra: *El profesor se incorporó a su cátedra DESPUÉS DE RECIBIR su nombramiento*, y «cuando + pret. indefinido», si las dos acciones son casi simultáneas: *Tres vehículos saltaron por los aires CUANDO ESTALLÓ la carga explosiva*.

DESTERNILLARSE (de risa). No *destornillarse de risa*, como se dice a veces; ya que el cuerpo humano tiene ternillas o cartílagos, no *tornillos*.

DETENTAR. «Retener sin derecho» (una cosa). Se usa a veces este verbo atribuyéndole los erróneos significados de «tener en su poder», «disponer de», «ocupar» o «desempeñar». Son incorrectas las frases: *El equipo DETENTA el título de campeón de liga 1992* (en lugar de: *el equipo posee el título de campeón de liga 1992*); o *los jueces y tribunales DETENTAN la administra-*

ción de la justicia (en lugar de: *los jueces y tribunales ejercen la administración de la justicia*).

DIGRESIÓN. Es el hecho de tratar un tema apartándose del hilo del discurso. Evítese la forma *diSgresión*, que es un vulgarismo.

DISTENSIÓN. «Reducción de una tensión». Debe usarse este término en lugar del galicismo *détente*: *Se aprecia una progresiva «détente»* (distensión) *entre los bloques*.

DOMICILIACIÓN. «Acción y efecto de domiciliar, autorizar pagos o cobros en una cuenta bancaria».

DOSSIER. Es un galicismo útil, pero a veces sustituible por *informe* (en periodismo), y por *expediente* en el ámbito administrativo.

* DROGADICCIÓN. «Hábito de quienes se dejan dominar por alguna droga».

EDUCACIONAL. Convendría distinguir entre *educacional* y *educativo*. Es *educacional* lo perteneciente o relativo a la educación; *educativo*, lo que educa o sirve para educar. Toda reforma universitaria es *educacional*, porque se refiere a la educación; los consejos que un buen padre da a sus hijos son *educativos*, porque sirven para educarlos.

EJECUTIVO. Se suele designar así al empleado de categoría superior con funciones de responsabilidad o dirección en una empresa. Puede usarse esta adaptación de la voz inglesa *executive*.

ELITE. «Minoría selecta». La adaptación correcta de este vocablo francés es *elite*, no «élite». El acento agudo francés no convierte esta palabra en esdrújula (en francés no hay palabras esdrújulas). Sólo sirve para indicar que su *e* inicial no es muda ni abierta.

ELIXIR. «Licor medicinal». Puede pronunciarse como palabra aguda o como grave; pero, en general, se pronuncia como aguda.

EMANAR. Este verbo, que es intransitivo, se usa a veces indebidamente como transitivo: *El delicado perfume que EMANABA la señora* (en lugar de: *el delicado perfume que EMANABA DE de la señora*).

EMERGENCIA. «Acción de emerger (brotar, salir el agua u otro líquido); suceso, accidente que sobreviene». No es correcto atribuir a este vocablo el significado de la palabra inglesa *emergency*, que debe traducirse por *necesidad urgente*, *aprieto* o *situación imprevista*. Así, la expresión *aterrizaje de emergencia* (y otras similares) debe evitarse; dígase *aterrizaje forzoso*.

ENCIMA. Adverbio. Evítese el vulgarismo *encima mío*.

ENCLAVE. Es el «territorio incluido en otro mayor y de características distintas». Este vocablo se emplea a veces erróneamente en lugar de *emplazamiento, sitio, paraje*: *La exposición ha sido instalada en un ENCLAVE apropiado* (en lugar de: *la exposición ha sido instalada en un SITIO apropiado*).

ENCUENTRO. Es abusivo el uso de este vocablo, en lugar de *entrevista, reunión, sesión de trabajo...*

ENERVAR. «Debilitar», «quitar las fuerzas». Es galicismo frecuente usar este verbo con el sentido de «poner nervioso».

EN ORDEN A. Debe evitarse este anglicismo (calco de *in order to*). Dígase, en su lugar, *para* o *con el fin de*.

ENSEGUIDA o *en seguida*. Puede escribirse de las dos maneras.

ENTENTE. Voz francesa aclimatada ya en nuestro idioma. Es del género femenino. Debe preferirse el uso de sus equivalentes *entendimiento* o *acuerdo*.

ENTONCES. Adverbio. Debe evitarse el uso vulgar de este vocablo como conexión copulativa entre dos puntos del discurso: *Soy militante de base, ENTONCES me corresponde decir...* Sobra en tales casos el adverbio *entonces*.

ENTRAMBOS. Equivale a *ambos*, aunque tiene un carácter más literario. Se usa sólo en plural; su forma femenina es *entrambas*.

ENTRECOT. «Trozo de carne sacada de entre costilla y costilla de la res».

ENTRETANTO. Cuando se usa este vocablo como adverbio, puede escribirse también *entre tanto*. Si se emplea como sustantivo, con la acepción de «tiempo intermedio», se escribe siempre *entretanto*: *En el ENTRETANTO, se dedicó a hacer un solitario*.

ESCÚTER. «Motocicleta de ruedas pequeñas y cuadro abierto». Puede usarse esta adaptación española de la voz inglesa *scooter*. La voz españolizada es masculina, y su plural, *escúteres*.

ESE. Adjetivo y pronombre demostrativo. Dos advertencias: ante cualquier nombre femenino (aunque empiece por *a* tónica) debe usarse la forma *esa*: *esa agua, esa arma*. Como pronombres, *ese* y *esa* pueden escribirse con tilde o sin ella; *eso* se escribe siempre sin ella: *Me lo ha dicho ese* (o *ése*); *estuvo aquí esa* (o *ésa*). Pero no: *Es cierto éso*.

ESFINGE. Se usó en otro tiempo como nombre ambiguo. Pero actualmente se usa siempre como femenino.

ESLOGAN. Forma españolizada de la voz inglesa *slogan* (plural *eslóganes*). Con frecuencia, puede sustituirse por *consigna* o *lema*: *Los manifestantes gritaban consignas*; *Es nuestro lema: El cliente siempre tiene razón*.

ESMOQUIN. Así adapta la Academia el término inglés *smoking*. Plural, *esmóquines*.

ESNOB. Puede adaptarse así la palabra inglesa *snob*: «Persona que acoge las novedades por admiración necia o para darse tono». Plural, *esnobs*.

ESOTÉRICO. «Oculto», «reservado». En cambio, *exotérico* significa «público, accesible al vulgo».

ESPAGUETI. Puede usarse esta forma como adaptación de la voz italiana *spaghetti*.

ESPECIA. «Cualquiera de las sustancias vegetales aromáticas usadas como condimento». No debe confundirse con *especie*, que significa «conjunto de cosas semejantes entre sí».

ESPERMA. «Semen». Aunque es nombre ambiguo, generalmente se usa como masculino.

ESPLENDOR. Atención a la ortografía; se escribe con *s*, no con *x*.

ESPURIO. «Bastardo», «adulterado». Evítese la forma errónea *espúreo*.

* ESTABLISHMENT. «Sector o grupo dominante». Es voz inglesa.

ESTADOS UNIDOS. Puede escribirse con o sin artículo: *Estados Unidos* o *los Estados Unidos*. Si va sin artículo, el verbo que le acompaña puede ir en singular; si va con artículo (los), el verbo tiene que ir en plural.

ESTÁNDAR. Así, y haciéndola del género masculino, adapta la Academia la voz inglesa *standard*, con el significado de «tipo, modelo, patrón, nivel». Se usa también en oposición, con valor de adjetivo, con la acepción: «corriente o común». Plural, *estándares*.

ESTAR. Como verbo pronominal, (*estarse*) significa «quedarse o mantenerse». La expresión *estarse de* una cosa (por *abstenerse de ella*) es catalanismo.

«Estar a + infinitivo» es galleguismo: *Está a trabajar* (en lugar de *está trabajando*).

ESTÉREO. Viene del griego *stereós*. Es apócope de *estereofonía* o de *estereofónico*, y se usa en todos los neologismos que indican tres dimensiones. No varía en género ni en número: *música estéreo, sonido estéreo, discos estéreo*.

ESTRÉS. «Situación de un individuo o de un órgano a los que la exigencia de un rendimiento superior al normal pone en riesgo próximo de enfermar». Debe emplearse esta forma en lugar de *stress*. Su género es masculino.

EXEGETA. «Intérprete o expositor de la Sagrada Escritura». La acentuación etimológica y aceptada por la Academia es llana. Pero hay quienes usan esta voz como esdrújula.

EXPENDER. No debe confundirse con *expedir*. *Expender* significa «gastar»: *ha expendido todo su dinero*; y, más frecuentemente, «vender al por menor»: *En los grandes almacenes se expenden toda clase de artículos*; también, *poner en circulación* (moneda falsa).

En cambio, *expedir* tiene las siguientes acepciones: «despachar» (un asunto), «poner por escrito» (un certificado), o «remitir, enviar» (una carta, un telegrama, una mercancía).

EXPLOTAR. Es verbo intransitivo cuando se relaciona con explosivos. Es correcto decir: *una bomba explota*; pero no *el comando explota una bomba*, ya que en esta última frase se usa *explotar* erróneamente como transitivo, cuyo complemento directo sería *una bomba*.

Sinónimo de *explotar*, según el DRAE, es *explosionar*, como verbo intransitivo. Como transitivo, este último verbo tiene el significado de «producir una explosión».

EXTRADITAR. «Entregar (un reo refugiado en un país) a las autoridades de otro país que lo reclama».

EXTRAVERTIDO. «Que se interesa principalmente por lo exterior a sí mismo». La última edición del DRAE recoge también la forma *extrovertido*.

FACSÍMIL. «Reproducción exacta». Es del género masculino. Cuídese su pronunciación: [faksímil].

FACTIBLE. «Que se puede hacer.» A veces se confunde indebidamente este vocablo con *posible*, cuyo significado es «que puede ser o suceder».

FALACIA. «Engaño, fraude o mentira con que se intenta dañar a otro». No se debe traducir por *falacia* el término inglés *fallacy*, que tiene otro significado; concretamente, *sofisma* («razón o argumento aparente con que se pretende defender lo que es falso»).

* FAN. Voz inglesa: «admirador fanático». Es preferible el español *hincha*.

* FEDAYIN. Voz árabe. Es el plural del sustantivo *feday*, que significa «guerrero». No tiene sentido, pues, escribir «fedayines».

FEMINIDAD o *femineidad*. Ambas formas son igualmente válidas.

* FERRY (o *ferry boat*). Barco trasbordador de materiales, vehículos y personas. En español, se dice simplemente *transbordador* o *trasbordador*. La Academia prefiere la primera forma.

* FICHAJE. «Acción y efecto de contratar a un deportista para que forme parte de un equipo un club».

FIEBRE DEL HENO. «Estado alérgico, propio de la primavera o el verano, producido por la inhalación del polen o de otros alérgenos».

FILME. Con esta palabra adapta la Academia la voz inglesa *film*.

FILMINA. «Cada una de las diapositivas de una serie organizada con propósitos pedagógicos».

FLÁCCIDO. «Flojo». Es válida también la forma con una sola *c*: *flácido*.

FLAS. Así adapta la academia la voz inglesa *flash*, con su doble significado de «destello» y de «breve noticia de última hora».

FLEXO. «Lámpara de mesa con brazo flexible».

* FLIPARSE. En el lenguaje de la droga, «colocarse», «ponerse a tono».

* FLIRT. «Discreteo y juego amoroso que no se formaliza ni supone compromiso». Es preferible la adaptación *flirteo*.

FLORISTERÍA o *florería*. Se pueden usar las dos formas.

FOLKLORE. La Academia prefiere las formas *folclor* o *folclore* (ambas, sin *k*).

FÓRCEPS. Se escribe con tilde en la *o*. En plural, no varía.

FORO. Es preferible este vocablo a *forum*, para designar «reunión para discutir asuntos de interés actual ante un auditorio que a veces interviene en la discusión».

FOROFO. Italianismo usado en el deporte. Dígase, mejor, *partidario*, *seguidor*.

FRAC. «Prenda de vestir masculina, que por delante llega a la cintura y por detrás tiene dos faldones». Plural, *fraques*, o *fracs*. Es más usual la segunda forma.

* FULL-TIME. «Plena dedicación», «dedicación exclusiva».

FUNCIONARIAL. «Perteneciente o relativo al empleo de funcionario».

GÁNGSTER. «Malhechor que forma parte de una banda». En España sólo se suele aplicar este nombre a ese tipo de malhechores estadounidenses.

GASODUCTO. «Cañería o canal de conducción de gas desde la fábrica o centro de producción a los centros de utilización». Es incorrecta la forma *gaseoducto*.

GASÓLEO. «Carburante para motores Diesel». Úsese esta adaptación propuesta por la Academia para la voz inglesa *gas-oil*.

GÉISER. «Fuente termal en surtidor». Empléese esta forma, en lugar de *geyser*. Plural, *géiseres*.

GÉNESIS. Palabra del género masculino cuando designa el primer libro del Pentateuco, que empieza por la historia de la creación del mundo. Pero es del género femenino cuando significa *origen* o *principio*.

GINCANA. «Prueba automovilística de obstáculos». Escríbase así, y evítese la complicada forma *gymkhana*.

GLADÍOLO (o *gladiolo*). Valen ambas formas, pero la Academia prefiere la primera, con tilde en la *i*.

* GLOBE-TROTTER. «Trotamundos».

GNOMO (o *nomo*). «Enano de la mitología popular».

GNÓSTICO. «Seguidor de cierta doctrina filosófica antigua». La Academia admite también *nóstico*.

* GOUACHE. «Pintura de color disuelto en agua de goma, miel o hiel de vaca». A veces la voz francesa se adapta al español como *guache*. Pero es preferible *aguada*.

* GRAFFITI. «Letreros, generalmente políticos, pintados en una pared». Su equivalente español es *pintada*.

GRATIS. Se puede usar como adjetivo y como adverbio: *Café gratis*, *hemos entrado gratis en los toros*.

GUARDAGUJAS. No varía en plural.

GÜISQUI. La Academia prefiere esta forma para designar el conocido licor inglés; pero acepta también la voz original: *whisky*.

HACER LLEGAR. Es impropia esta locución, empleada con el significado de *remitir* o *enviar*: *El Presidente HIZO LLEGAR un telegrama a la Primera Ministra* (en lugar de: *... REMITIÓ un telegrama...*).

HACER PÚBLICO. Se usa con frecuencia esta expresión, incluso en la forma pasiva: *El resultado de la votación fue HECHO PÚBLICO por el presidente del Jurado, la nota HECHA PÚBLICA por la Asociación decía...* Sería mucho mejor una expresión activa, como *el presidente del Jurado HIZO PÚBLICO* (y mejor aún: *dio a conocer*) *el resultado de la votación, la Asociación HIZO*

PÚBLICA (y mejor: *publicó*) *una nota que decía...* En todo caso, el adjetivo «público» debe concertar en género y número con el nombre de lo que se hace público: *HIZO PÚBLICOS los deseos, HIZO PÚBLICAS las razones, HIZO PÚBLICO el resultado, HIZO PÚBLICA una nota.* Es gravemente incorrecta la construcción, que se ve o se oye a veces, en que *público* permanece invariable, aunque se refiera a un nombre femenino o plural: *HIZO PÚBLICO una nota, HIZO PÚBLICO los deseos, HIZO PÚBLICO las razones.*

HACHÍS. Se pronuncia [achís], no [jachís].

HALCÓN. Designa frecuentemente al político duro o radical, en contraste con *paloma*, que se aplica al político flexible.

HALL. Anglicismo innecesario; dígase *zaguán, vestíbulo* o *recibidor.*

HÁNDICAP. Es aceptable esta voz inglesa en el ámbito deportivo (sobre todo en hípica) con el significado de «prueba en que se da ventaja a algunos competidores para igualar las oportunidades». Fuera de esto, sustitúyase por *obstáculo, desventaja* o *impedimento.*

HARDWARE. Voz inglesa que, en informática, indica el soporte físico necesario para el desarrollo del *software*, que es el programa. Es preferible *equipo.*

HAREM. Aunque puede usarse esta forma, es más usual *harén.*

HAZ. Es del género femenino cuando significa «cara», «superficie». Pero lleva el artículo masculino *el* como todos los sustantivos que comienzan por *a* tónica. Por eso se dice *el haz y el envés. Haz* es del género masculino cuando significa *porción atada: Llevaba sobre los hombros un grandísimo HAZ de leña.*

HECTO. Elemento compositivo que significa «cien». Forma parte de palabras compuestas de diversa acentuación. Así, mientras *hectómetro* es palabra esdrújula, *hectolitro* y *hectogramo* son llanas.

HEMIPLEJÍA o *hemiplejia.* (Con tilde o sin tilde.) La Academia prefiere la primera forma.

HERTZIANO o *herciano.* «Perteneciente o relativo a las ondas hertzianas».

HISPANOAMÉRICA. Este término abarca los países americanos de habla española. No equivale, pues, a *Iberoamérica*, que engloba también a los de habla portuguesa, ni a *Latinoamérica*, que incluye, además, a los de lengua francesa.

HISPANOPARLANTE. No es aceptable. El participio de *hablar* es *hablante*, no *parlante*. Dígase, pues, *hispanohablante*.

HOBBY. «Pasatiempo favorito». No es voz aceptada aún por la Academia, pese a su amplia penetración en el lenguaje común.

HOMILÍA. «Plática religiosa». La segunda *i* va acentuada.

HOMÓLOGO. En geometría, este adjetivo se aplica a los lados que en cada una de dos o más figuras semejantes están colocados en el mismo orden. En lógica, se dice de los términos sinónimos o que significan una misma cosa.

La nueva edición del DRAE admite este vocablo para designar a la persona que ejerce un cargo igual al de otra, en ámbitos distintos.

HONESTO. Aunque la Academia reconoce en este adjetivo no sólo el sentido de «recatado» y «decente», sino también el de «recto» y «honrado», conviene mantener la distinción tradicional entre ambos adjetivos, reservando *honesto* para lo relativo al sexo, y *honrado* para la rectitud moral.

Nótese, además, que el adjetivo *honrado* y el adverbio *honradamente* se emplean a veces con el significado anglicado de «franco» o «francamente»: *Seré HONRADO con usted* o *le diré HONRADAMENTE* (en lugar de *seré FRANCO con usted, le diré FRANCAMENTE*.

IBERO. La Academia acepta también *íbero*; pero prefiere *ibero*.

ICEBERG. «Masa flotante de hielo». Voz admitida. Plural, *icebergs*.

IGNORAR. El significado normal de este verbo es «desconocer». Cuando se emplea con la acepción de «no hacer caso», constituye un anglicismo: *Salió por la puerta trasera, IGNORANDO a los reporteros gráficos* (en lugar de: *... sin hacer caso a...*).

ÍLEON. «Tercera porción del intestino delgado». Conviene distinguirlo de *ilion*, que es un hueso de la cadera.

ILÍADA o *Ilíada*. La forma esdrújula es la etimológica y la más usada. Pero también se admite la forma llana.

IMPACTAR. Es un neologismo correcto, con el significado de «causar impacto», aunque algunos lo rechacen. La Academia lo ha incluido en su Diccionario como verbo transitivo: *Los acontecimientos han impactado la opinión pública.*

IMPARTIR. Es un neologismo innecesario cuando se aplica a una clase, una lección o un curso...: *El profesor IMPARTIÓ un curso sobre biología molecular* (en lugar de: *El profesor DIO...*).

IMPASSE. Galicismo innecesario. En español expresamos la misma idea con *atolladero*, *dificultad* o *callejón sin salida*.

IMPLEMENTAR. «Poner en funcionamiento, aplicar métodos, medidas, etc., para llevar algo a cabo».

IMPLEMENTO. La Academia acepta este vocablo para significar «utensilio».

IMPONERSE. «Infundir respeto, miedo o asombro». Es, pues, incorrecto el uso de este verbo con el significado de «vencer»: *El Atlético SE IMPUSO al Cádiz*, o con la acepción de «hacer valer la autoridad»: *El secretario general SE HA IMPUESTO sobre los discrepantes*.

INACCESIBLE. «Que no tiene posible acceso o entrada» o (referido a personas): «Que es de trato muy difícil».

Este vocablo no debe confundirse con *inasequible*, que significa «que no se puede conseguir».

INALTERABLE. «Que no se puede alterar». Es, pues, erróneo decir, por ej., en la transmisión de un partido de fútbol: *El marcador sigue INALTERABLE* (en lugar de *... sigue INALTERADO*).

JARRETERA. Nombre español de una orden militar inglesa denominada *Garter*.

JAZZ. La Academia ha admitido la forma *yaz*.

JEEP. «Pequeño vehículo automóvil apto para cualquier terreno». Ha tenido poco éxito la versión «todo terreno». Puede emplearse *jeep*, pronunciado [yip].

JEQUE. Forma españolizada de un vocablo árabe que significa «jefe».

JERGA. Véase *argot*.

JERIGONZA. Cuidado con el vulgarismo «jeriNgonza».

JERSEY. Su plural es *jerséis*.

JET. Un *jet* es, en español, un «avión de reacción» o simplemente un «reactor».

JIHAD. Voz árabe, cuya traducción es «guerra santa». Tiene en su lengua género masculino. Así, pues, debería decirse, por ej., *ha lanzado un llamamiento en favor del «jihad» islámico*, no *... de la jihad islámica*.

JIRA. «Merienda campestre». No debe confundirse con *gira*: «excursión o viaje por distintos lugares, volviendo al punto de partida», o «serie de actuaciones de una compañía teatral, una orquesta o un artista en diferentes localidades».

JUGAR. Lleva la preposición *con* o *a*. No la lleva en la construcción: *jugar un papel*. Pero esta locución, con el significado de «representar un papel», constituye un galo-anglicismo derivado del francés *jouer un rôle* y del inglés *to play a role*.

JUNIOR. De acuerdo con la acepción que figura en el DRAE, es «religioso joven que, después de haber profesado, sigue sujeto a la enseñanza y obediencia del maestro de novicios». En el lenguaje deportivo, este vocablo se usa con el sentido de «juvenil», y se suele pronunciar [yúnior] (en plural, [yunióres]).

KERMÉS, *kermese, kermesse*. La Academia sólo admite las formas *kermés* y *quermés,* y prefiere la primera.

KEROSENO. La Academia sólo reconoce *querosén* y *queroseno,* y prefiere la segunda forma.

KHAN. La Academia sólo admite para este título honorífico persa las formas *can* y *kan*. Prefiere la segunda.

KILO. La *o* es tónica en *kilómetro*, pero átona en *kilogramo, kilolitro, kilociclo* y *kilovatio*.

KINDERGARTEN. Este nombre alemán se traduce en español por «jardín de infancia».

KOLKHÓS. Pronúnciese [koljós]. En plural, *koljoses*.

LA CASI TOTALIDAD. Lo correcto es *casi la totalidad* o *casi todos*. No debe, pues, escribirse: *El bombardeo afectó a LA CASI TOTALIDAD de la población*, sino *el bombardeo afectó a CASI LA TOTALIDAD de la población*, o, mejor, *a CASI TODA la población*.

LANZADERA ESPACIAL. Término correcto, equivalente al de *transbordador espacial*.

LANZALLAMAS. Es del género masculino. En plural, no varía.

LAUDES. «Parte del oficio divino que se reza después de maitines». Pronúnciese [láudes], no [laúdes].

LAXO. «Relajado». No es lo mismo que *laso* («cansado» o «flojo»).

LEADER. Escríbase *líder*. Está ya así en el DRAE.

* LEITMOTIV. En alemán, «tema, frase o motivo principal que se repite en una obra musical o literaria».

LENTE. Si designa, en plural, cierto tipo de anteojos, es del género masculino: *los lentes*; cuando significa «cristal refringente», es femenino.

LEVANTAR DUDAS. Es calco del inglés *to arise doubts* o del francés *soulever des doutes*. En español se usan en este sentido los verbos *suscitar*, *despertar*, *provocar*; pero no *levantar*.

LIBIDO. «Deseo sexual». Es palabra llana y del género femenino. Algunos la acentúan incorrectamente como esdrújula, probablemente por influjo del adjetivo «lívido».

LIBRECAMBIO. Puede escribirse junto o separado: *libre cambio*.

LIBRERÍA. «Tienda donde se venden libros» o «mueble para libros». Es incorrecta la traducción del inglés *library* por *librería* (en lugar de *biblioteca*).

LIED. Voz alemana del género neutro, que significa «canción lírica» o «balada». En plural, *lieder*. Se pronuncia [lid], [líder] y, al usarla en español, se le antepone el artículo masculino: [el lid], [los líder].

LÍMITE. Esta palabra se usa a veces como aposición: *el comité discutió sobre la SITUACIÓN LÍMITE*. En este uso, no varía en plural: *... las situaciones LÍMITE*.

LINDE. «Término o línea divisoria». Es del género femenino.

LINÓLEO. Úsese esta forma, en lugar de *linóleum*.

LISTA o *lista clasificatoria*. No debe usarse el anglicismo *ranking*.

LISZT. Pianista y compositor húngaro. Pronúnciese [list].

LÍVIDO. Significa propiamente «amoratado», pero la Academia recoge también el significado de «intensamente pálido» cuando este vocablo se aplica a personas.

LOCALIZAR. «Fijar, encerrar en límites determinados». No equivale, pues, a «situar», «ubicar». No es correcta la frase: *la iglesia, LOCALIZADA a las afueras del pueblo* (en lugar de *la iglesia, SITUADA...*).

LORD. Título inglés. Plural, *lores*.

LUBRICANTE. «Que lubrica». Significa lo mismo que *lubrificante*.

LUEGO. Evítese la redundancia: *luego después*. Y, en lugar de la expresión viciosa *luego de que*: *LUEGO DE QUE llegaron pudieron presenciar el espectáculo*, dígase: *CUANDO llegaron...*

LUNCH. Es anglicismo innecesario, pues tenemos en español los vocablos equivalentes *almuerzo, comida* o *refrigerio*.

MAGNIFICAR. Este verbo significa «engrandecer», «alabar», «ensalzar». Se emplea erróneamente con el significado de «exagerar»: *El diputado intentó MAGNIFICAR las discrepancias* (en lugar de: *... intentó EXAGERAR...*).

MAMUT. Su plural es *mamutes* (mejor que *mamuts*).

MÁNAGER. Sólo debe usarse este vocablo para designar a la persona que organiza las actividades y cuida los intereses económicos de un deportista, especialmente de un boxeador, o de un artista. No debe emplearse en sustitución de *administrador*, *gerente* o *apoderado*.

MANÍACO o *maniaco*. Se admiten ambas formas, pero es preferible la primera.

MAR. En el uso común es del género masculino; pero la gente de mar lo usa como femenino. Es también femenino en la expresión *la mar de* y en algunas otras.

MARE MÁGNUM. «Multitud confusa de cosas». No debe escribirse junto. No se usa en plural.

MARGEN. Aunque es de género ambiguo, el uso ha consagrado el masculino cuando designa el «espacio en blanco que rodea una página» y también cuando significa, en sentido figurado, «espacio libre»; es femenino, en cambio, cuando indica «la orilla de una corriente de agua».

MARINE. «Soldado de infantería de marina estadounidense o de la británica».

MATANZA. Este vocablo o su equivalente *carnicería* sustituyen con ventaja al préstamo francés *masacre*, admitido ya, sin embargo, por la Academia.

MAYORMENTE. Este adverbio, aunque admitido por la Academia, suele considerarse un vulgarismo. Lo sustituye con ventaja *principalmente*. No es equivalente de *más*. Sería incorrecto decir: *La región MAYORMENTE afectada por la sequía*, para significar *la MÁS afectada*.

MÉDULA o *medula*. Valen las dos formas. La segunda es la etimológica y la preferida por la Academia; la primera es la más usada.

MEJORÍA. Es, en general, sinónimo de *mejora*. Pero se usa sobre todo para significar «alivio de una enfermedad». *Mejora*, en cambio, suele ser «aumento» o «progreso». Por lo tanto, aunque podría decirse: *La evidente MEJORÍA de la situación económica durante el año...*, sería más propio *la evidente MEJORA de la situación...*

MEJUNJE. «Cosmético o medicamento». Existen también las formas *menjunje* y *menjurje*, pero son menos usadas que *mejunje*.

MELQUIADES. No se pronuncia [Melquíades].

MEMORÁNDUM. «Comunicación diplomática». Plural, *memorándums*. Puede decirse también *memorando* (plural, *memorandos*).

MENTÍS. No varía en plural.

MENÚ. Plural, *menús*.

MERCADOTECNIA. Palabra admitida por la Academia, que sustituye a *marketing*.

METAMORFOSIS. «Transformación». Es palabra llana. Y no cambia en plural.

METEORO. Entra en la formación de palabras tales como *meteorología, meteorológico*... Debe cuidarse su pronunciación, pues a veces se desfigura cambiando e invirtiendo o suprimiendo alguna letra: *MeteREOlógico* o *meteROlógico*.

MÉXICO, MEXICANO. Pueden escribirse con *x* en lugar de *j*. Pero se pronuncian siempre [Méjico], [mejicano].

MIASMA. «Efluvio infeccioso». Es del género masculino, aunque a veces se ha usado como femenino.

MILITANCIA. «Acción y efecto de militar en un patido o en una colectividad».

MISMAMENTE. En lenguaje familiar, «cabalmente», «precisamente».

MISMO. Como adjetivo sustantivado, precedido por el artículo determinante, se usa con frecuencia en el lenguaje administrativo: *Ha solicitado la libertad, por estimar que tiene derecho a la MISMA* (en lugar de: *... que tiene derecho a ELLA*). Es preferible la segunda redacción.

MISTIFICAR. «Embaucar» o «falsear». Es preferible a *miXtificar*.

MOTIVACIÓN. Puede significar «acción y efecto de motivar» y también «motivo». No tiene ninguna ventaja sobre esta palabra, a la que sustituye con frecuencia por pura pedantería. Así, cuando se dice: *El ministro aludió a las MOTIVACIONES de su estancia en la Ciudad Condal*, se podría decir con más sencillez: *... aludió a los MOTIVOS de su estancia...*

NAILON. Así ha adaptado la Academia el nombre inglés *nylon* («material sintético con el que se fabrican fibras y tejidos»). Ha recogido también, con el mismo significado, la voz *nilón*; pero da preferencia a *nailon*.

NARCOTRAFICANTE. «Que trafica en drogas tóxicas».

NARCOTRÁFICO. «Comercio de drogas tóxicas en grandes cantidades».

NECROLÓGICA. Adjetivo que se emplea a veces sustantivado: *La NECROLÓGICA del exalcalde aparece hoy en el periódico* (en lugar de: *la NOTA (o la RESEÑA) necrológica...*

NIEBLA. En lugar del término inglés *smog*, es mejor emplear *niebla tóxica*.

NIMIO. Etimológicamente significa «excesivo». El uso ha consagrado el sentido de «pequeño» o «minúsculo», aceptado ya por la Academia.

NIVEL. Con el significado de «categoría», es preferible al inglés *standing*.

NIVELAR. Se emplea a veces con un significado impropio: *El presupuesto trata de NIVELAR el déficit* (en lugar de: *... trata de ENJUGAR...*).

NO. Proliferan construcciones extrañas, formadas por «no + sustantivo»: «no apoyo», «no aprobación», «no asistencia», en frases como: *Los socios expresaron su NO APOYO a la propuesta del presidente* (en lugar de: *expresaron su RECHAZO a...*); *la NO APROBACIÓN del programa electoral quedó patente* (en lugar de: *la DESAPROBACIÓN del programa...*); *ante la NO ASISTENCIA del abogado defensor, se suspendió el juicio* (en lugar de: *ante la INASISTENCIA del abogado...*).

NOBEL. Se tolera el uso de esta palabra como llana; pero es preferible decir [Nobél], ya que este apellido sueco tiene acentuación aguda.

NOCHE. Son viciosas las construcciones *EN LA NOCHE de ayer* (en lugar de *ANOCHE*) y *EN LA NOCHE de hoy* (en lugar de *ESTA NOCHE*).

NOMINAR. Este verbo significa «dar nombre a una persona o cosa». Pero se emplea frecuentemente con el significado de «proponer como candidato». En esta última acepción, es anglicismo.

NORMATIVA. «Conjunto de normas aplicables a una determinada materia o actividad».

NORTE. Para construir los derivados de nombres gentilicios, úsese *norte* cuando sigue una vocal: *norteafricano, norteamericano*; y *nor* cuando sigue una consonante: *norvietnamita*.

NOVECIENTOS. Evítese el vulgarismo de *nuevecientos*.

NOVENO. Numeral ordinal correspondiente a nueve. *Nono*, aunque es correcto, apenas se usa.

NUCLEAR. El DRAE lo reconoce sólo como adjetivo. Como verbo, es un neologismo mal empleado: *La cooperativa NUCLEA a los que buscan una vivienda* (en lugar de *... AGRUPA a los que buscan...*); o *la sociedad NUCLEADA por el presidente* (en lugar de *la sociedad DIRIGIDA por el presidente*).

NUEVO. Este vocablo se emplea a veces indebidamente con el sentido de «otro»: *Tres NUEVOS muertos se han sumado al conjunto de víctimas...* (en lugar de *OTROS tres muertos...*).

OBJECIÓN. «Dificultad que se expone frente a un argumento». Evítese la viciosa pronunciación con dos *ces*: [objecCión].

OBJETO. Conviene evitar la expresión *al objeto de*, muy usada por el lenguaje administrativo. Puede decirse *con objeto de*.

OBLIGATORIEDAD. Es vocablo correcto, pero no debe emplearse en lugar de *obligación*. Es incorrecto decir *con la OBLIGATORIEDAD de acudir siempre que lo llamen*, en lugar de *con la OBLIGACIÓN de acudir...* Es correcto decir: *La obligatoriedad de la norma no alcanza a los menores de 18 años*.

OBSOLETO. «Anticuado o poco usado». No es equivalente a *antiguo* o *viejo*. Una cosa puede ser *obsoleta* sin ser *antigua*, y *antigua* sin ser *obsoleta*.

OBÚS. Aunque propiamente es el nombre de una «pieza de artillería» de determinadas características, se ha generalizado su uso con el significado de «proyectil disparado con esa pieza».

OCÉANO. Es palabra esdrújula. Sólo en poesía se acepta *oceano*, para facilitar la rima.

OFERTAR. «En el comercio, ofrecer en venta un producto». Fuera de este ámbito, no hay motivo para usar este verbo en lugar de *ofrecer*.

OFFICE. Se suele pronunciar [ofis], y se usa como masculino. Puede sustituirse por el femenino *antecocina*.

OLIMPÍADA u *olimpiada*. La Academia acepta las dos formas. Aunque la acentuación etimológica es la primera, prefiere la segunda, por ser la más usada.

OMÓPLATO u *omoplato*. Son aceptables las dos formas. La Academia prefiere la primera.

OPCIÓN. Puede significar «libertad o facultad de elegir», pero nunca «candidatura». Por lo tanto, no es correcta la frase: *Los electores prefieren la OPCIÓN centrista* (en lugar de: *... la CANDIDATURA centrista*).

OPERATIVO. El DRAE lo incluye como adjetivo. En el lenguaje de la policía se usa a veces incorrectamente como sustantivo, con el significado de «operación». No debe ampliarse este uso a otros ámbitos.

OPIMO. «Abundante». Es palabra de uso literario, y su acentuación es llana. Evítese pronunciarla como esdrújula, a imitación de quienes erróneamente la relacionan con *óptimo*.

OPONENTE. «Que opone o se opone».

OPOSITOR. El DRAE lo reconoce sólo como sustantivo.

ORBITAR. No figura en el DRAE. Puede usarse con el significado de «girar alrededor de».

ORDEN DEL DÍA. Como masculino, *EL orden del día*, significa «lista de asuntos que se han de tratar en una junta»; como femenino, *LA orden del día* es la «consigna dada diariamente a una guarnición»; se usa también la locución «estar una cosa a LA ORDEN DEL DÍA».

OSTENTAR. No equivale a *desempeñar*. Un cargo se desempeña. Si se dice que un cargo «se ostenta», se indica que «se presume de él».

PABILO. «Torcida de vela». Es también admisible *pábilo*. La Academia y el uso prefieren *pabilo*.

PAPEL. Con el significado de «cargo» o «función», acompaña a los verbos «hacer», «desempeñar» o «representar». Es galicismo o anglicismo muy divulgado construirlo con el verbo «jugar»: *el actor JUEGA UN PAPEL destacado en la obra* (en lugar de: *el actor REPRESENTA UN PAPEL...*).

PARA. Es anglicismo muy llamativo el uso de *para* en frases como ésta: *cinco minutos para las nueve* (en lugar de: *las nueve menos cinco*).

PARADISÍACO o *paradisiaco*. Son aceptables ambas formas, pero es preferible la primera.

PARAFERNALIA. «Conjunto de ritos o de cosas que rodean determinados actos o ceremonias».

PAREJA. Referido a personas, la que va con otra. Este nombre es siempre femenino, aunque la persona a que se refiere sea un varón. Es innecesario, y puede resultar pedante, emplear en lugar de este vocablo el término inglés *partner* o el francés *partenaire*.

PARKING. Voz inglesa. Dígase *estacionamiento* o *aparcamiento*.

PARQUÉ. «Entarimado hecho de maderas finas». Así adapta la Academia la voz francesa *parquet*.

PÁTINA. «Tonalidad que da el tiempo a los objetos antiguos». Es incorrecta la acentuación [patina].

PATROCINADOR. «Persona o entidad que, con fines generalmente publicitarios, sufraga gastos de mayor o menor interés público». Evítese el uso de la voz inglesa *sponsor*.

PAYASO. Evítese la palabra *clown*. Tampoco es aconsejable en su forma españolizada *clon*.

PEDIGRÍ. «Genealogía de un animal». Con este nombre masculino adapta la Academia el término inglés *pedigree*.

* PERINATAL. Aplicado a un período de tiempo, «perteneciente o relativo al nacimiento».

PERIPLO. «Circunnavegación». El DRAE vincula este vocablo a la geografía antigua. Es incorrecto su uso como sinónimo de *viaje* o *gira*. Podría usarse alguna vez para significar un viaje marítimo que termina en el punto de partida; por ejemplo, el de un barco que, saliendo de Barcelona, toca los principales puertos del Mediterráneo y regresa a la capital catalana.

PESTICIDA. «Que se destina a combatir plagas». En cambio, *plaguicida* ha sido incluido en el DRAE con significado más limitado: *Dícese del agente que combate las plagas del campo*. Puede usarse también como sustantivo.

PETROLÍFERO. «Que produce petróleo». En cambio, *petrolero* significa «perteneciente o relativo al petróleo». Con frecuencia se confunden ambos términos. Así, por ejemplo, se dice: *Subieron los precios PETROLÍFEROS* (en lugar de: *... los precios DEL PETRÓLEO*); *la conferencia PETROLÍFERA ha finalizado sin acuerdos* (en lugar de: *la conferencia PETROLERA...*). Como sustantivo, *petrolero* significa principalmente «buque aljibe destinado al transporte de petróleo».

PIAFAR. Referido al caballo, «alzar alternativamente las manos para hacerlas bajar con fuerza». Este verbo no significa, como a veces se cree, «relinchar».

* PICNIC. «Excursión campestre en la que se come o merienda al aire libre».

PIFIA. «Error», «descuido» o «mala jugada». Evítese el vulgarismo *picia*.

PINTADA. «Letrero, generalmente político, pintado en una pared». Conviene desterrar el uso de «grafitto» o «grafitti».

POCO. Distíngase la locución adverbial *por poco* (casi), de *a poco* (poco después). *A poco* puede llevar un complemento con *de*: *A poco de llegar, se fueron.*

POLÍGLOTA. Así figura, como válido para los dos géneros, en el DRAE, que incluye también y prefiere las formas *polígloto* (femenino, *políglota*) y *poligloto* (femenino, *poliglota*), dando preferencia a la acentuación esdrújula, por ser la más usada, aunque la llana sea la etimológica.

PONI. Así adapta la Academia la palabra inglesa *pony* («caballo de raza de poca alzada»).

POSICIÓN. «Postura, actitud o modo en que está puesta una persona o cosa».

POSICIONAMIENTO. «Acción y efecto de posicionar».

POSICIONAR. «Tomar posición».

PREVER. Evítese el vulgarismo *preveer*.

PRIORIZAR. No existe este verbo, empleado a veces con el sentido de «dar preferencia», «anteponer»: *La Asamblea ha PRIORIZA-DO la discusión del proyecto*.

PRISMA. Evítense las expresiones *desde el prisma*, o *bajo el pris-ma*, que pretenden ser equivalentes a *desde el punto de vista*.

PRÍSTINO. «Primitivo», «original». Es palabra esdrújula.

PROBLEMA. Se abusa mucho de este vocablo, con abandono de otros más propios: *asunto* o *dificultad*.

PRODUCIRSE. El verbo *producir*, en forma pronominal, se usa in-debidamente en frases como: *Las palabras de Ardanza SE PRO-DUJERON un día después...* (en lugar de ... *SE PRONUNCIA-RON...*), o *una jornada en la que, además, SE HAN PRODUCI-DO otros acontecimientos* (en lugar de ... *HAN OCURRIDO otros acontecimientos*).

PRONUNCIARSE. «Levantarse», «sublevarse». No son correctas frases como ésta: *El Ministro SE HA PRONUNCIADO a favor de una amnistía* (en lugar de ... *SE HA DECLARADO PARTI-DARIO de una amnistía*).

PROPICIAR. «Ablandar», «aplacar», «hacer a alguien benigno o propicio». Es incorrecta la frase: *Seis variantes en la quiniela no HAN PROPICIADO unos dividendos considerables* (en lugar de *no HAN PROPORCIONADO unos dividendos...*).

PROVENIENTE. Son incorrectas las formas *proviniente* y *provi-nente*.

PROVOCAR. «Incitar», «inducir a uno a que ejecute una cosa». Este verbo se usa con frecuencia incorrectamente en frases como ésta: *El accidente HA PROVOCADO la muerte de dos trabajado-res* (en lugar de ... *HA CAUSADO la muerte...*).

PRUEBA. Dígase *prueba* en lugar de *test*. Ambas palabras significan lo mismo.

PUNTUAL. Este adjetivo se emplea indebidamente en lugar de *con-creto*: *Nuestro grupo se dispone a firmar acuerdos PUNTUALES*.

QUEDAR. Debe evitarse el vulgarismo de emplear este verbo con el significado de «dejar»: *Aquí te lo QUEDO* (en lugar de *aquí te lo DEJO*).

QUERMÉS. «Fiesta popular al aire libre». La Academia prefiere la forma *kermés*. No acepta *kermesse*, *kermese* ni *quermese*.

QUEROSENO. «Producto derivado de petróleo». Evítese *keroseno*.

QUIEN. Recuérdese que el plural de este pronombre es *quienes*. Es sumamente vulgar la frase: *lo digan QUIEN lo digan*.

QUÍNTUPLO. «Que contiene un número exactamente cinco veces». La Academia lo registra como adjetivo, y advierte que se usa también como sustantivo. En realidad, *quíntuplo* se emplea como sustantivo, y *quíntuple* (no admitido por la Academia) como adjetivo.

QUÓRUM. «Número de individuos presentes necesario para que una votación sea válida». En plural, no varía.

QUOTA PARTE. Evítese esta locución latina y dígase en su lugar *parte alícuota*.

RADIO. Es del género masculino cuando significa «línea recta tirada desde el centro del círculo a la circunferencia», «metal radiactivo», «hueso del brazo» u «operador de radiotransmisor». Del género femenino, cuando es apócope de «radiodifusión» o cuando designa el aparato receptor de sonidos radiados.

RAZÓN. Se dice correctamente: *en razón de* o *por razón de*. Pero es incorrecto decir: *en razón a*.

RECONDUCIR. Según el nuevo DRAE, «dirigir de nuevo una cosa hacia donde estaba». Este verbo se emplea indebidamente para designar un «cambio» o una «reforma». Así, se dice, por ejemplo: *Nuestro grupo va a RECONDUCIR su propuesta* (en lugar de: *nuestro grupo va a REFORMAR su propuesta*).

RECONVERSIÓN. «Proceso técnico de modernización de industrias».

RECORDARSE DE. Evítese este error. Lo correcto es «acordarse de»: *No ME ACUERDO de lo que hice ayer*, o *no RECUERDO lo que hice ayer*; pero no *no ME RECUERDO de lo que hice ayer*.

RECURRIR. Es verbo intransitivo. «Acudir a un juez o autoridad con una demanda o petición». Se usa indebidamente como transitivo en frases como ésta: *El PP RECURRIRÁ esta resolución ante el Tribunal Superior de Justicia* (en lugar de: *RECURRIRÁ (o PRESENTARÁ RECURSO) CONTRA esta resolución...*).

REDIMENSIONAR. Debe evitarse este neologismo. Dígase *reajustar* o *adecuar*.

REEMBOLSAR. La Academia acepta también *rembolsar*; pero prefiere *reembolsar*.

REEMPLAZAR. O, también, *remplazar*. Preferible, *reemplazar*.

REFERÉNDUM. O *referendo*. En plural, *referéndums* o *referendos*.

REFORZAMIENTO. No existe este vocablo. Dígase en su lugar *refuerzo*: *Mil soldados servirán de REFUERZO a las tropas destacadas en el Golfo...*

REGIÓN. Se entiende por región «una porción de territorio determinada por caracteres étnicos, climáticos, políticos o económicos», o «cada una de las grandes divisiones territoriales de una nación». Por consiguiente, no basta para calificar de *regional* un conflicto, por ejemplo, el hecho de que los países que en él intervienen sean contiguos o próximos entre sí; es necesario que tales países formen parte de un sector geográfico que tenga las características mencionadas.

REGULAR. «Ajustado y conforme a regla». Es anglicismo usar este vocablo como sinónimo de *asiduo* o *habitual*.

REINSERTAR. Este verbo no figura en el DRAE. Sin embargo, se usa con frecuencia en frases como: *Cumplida la condena, se ha REINSERTADO en la sociedad* (en lugar de ... *se ha REINTEGRADO a la sociedad*).

REIVINDICAR. «Reclamar algo a lo que se tiene derecho». Y, también, según la nueva edición del DRAE: «Reclamar para sí la autoría de una acción».

RELACIONES BILATERALES. Suele emplearse esta expresión cuando se alude a la comunicación que se establece entre países. Toda relación es «conexión, trato, correspondencia» entre dos personas, dos naciones, etc. Añadir *bilateral* a *relación* es una redundancia. No debe usarse tampoco *bilateral* como sinónimo de *recíproco*, ya que significa «perteneciente a los lados, partes o aspectos que se consideran», mientras que *recíproco* quiere decir «igual en la correspondencia de uno a otro».

RELANZAR. «Repeler», «rechazar». Cuando se afirma que el *Gobierno quiere RELANZAR la economía*, se desea decir algo muy distinto de lo que se dice. Lo correcto es: *El Gobierno quiere REACTIVAR la economía.*

RELAX. «Relajamiento físico o psíquico producido por ejercicios adecuados o por comodidad, bienestar o cualquier otra causa».

REMODELAR. Es calco del inglés *to remodel*. Son, pues, anglicadas las frases que emplean este verbo; por ejemplo: *La oposición pide que sea REMODELADO el proyecto de ley* (en lugar de: ... *pide que SE REFORME [o REESTRUCTURE] el proyecto de ley*).

REMPLAZAR. Véase «reemplazar».

REPERCUTIR. Es correcto su uso como verbo intransitivo, con el significado de «causar una cosa un efecto secundario en otra»: *La contención de la inflación HA REPERCUTIDO en el desempleo*; pero constituye un galicismo su empleo como verbo transitivo: *El aumento de los costes debe SER REPERCUTIDO en el precio final del producto.*

REPONER. Con el significado de «replicar», este verbo se conjuga solamente en: indicativo del pretérito perfecto simple o indefinido (*repuse...*), imperfecto de subjuntivo (*repusiera o repusiese...*) y futuro de subjuntivo (*repusiere...*). Las demás formas se suplen con las del verbo *responder*.

REPORTAR. También significa «informar», «noticiar».

RESCISIÓN. Es muy vulgar la pronunciación de esta palabra diciendo «resciNsión».

RESPONDER. Este verbo rige la preposición *a*. Por lo tanto, es incorrecto usarlo sin ella; por ejemplo: *Gutiérrez responde las declaraciones hechas ayer por la patronal.*

RESTAURANTE. La Academia acepta también *restorán*, pero prefiere *restaurante*.

RESTRICCIÓN. Es muy vulgar decir *restriNción*.

RETICENTE. «Que calla u oculta algo que pudiera decir». Con frecuencia se atribuyen a este vocablo significados que no tiene: *Ante la propuesta, algunos grupos se han mostrado RETICENTES* (en lugar de: *... se han mostrado DESCONFIADOS, o RECELOSOS o TEMEROSOS*); o bien: *en época de exámenes, los alumnos son siempre RETICENTES a otras tareas distintas del estudio* (en lugar de: *... son siempre REACIOS* [o *RENUENTES*] *a otras tareas...*).

RETOMAR. «Volver a tomar, reanudar algo que se había interrumpido». No es correcto usar este verbo con el sentido de «reconsiderar», como en esta frase: *La presidencia piensa RETOMAR sus conclusiones.*

REUMA o *reúma*. La Academia admite las dos formas, pero prefiere la primera: *reuma*, con acento tónico (no ortográfico) en la *e*. Es la acentuación etimológica.

ROBOT. «Máquina capaz de actuar automáticamente», «autómata». Es del género masculino; su plural es *robots*.

RUTINARIO. «Que se hace o practica por rutina». No significa, por tanto, «periódico», «ordinario» o «de trámite»: *Se trata de una publicación RUTINARIA* (en lugar de: *se trata de una publicación PERIÓDICA*).

SAH. Título del soberano de Irán. *Sah* es la grafía de la Academia, aunque suele escribirse *sha*. La pronunciación corriente es [Sa].

SALCHICHERÍA. «Tienda de embutidos». No debe usarse el galicismo *charcutería*.

SALDO. Véase *balance*. No debe usarse *saldo* en ninguno de los falsos sentidos que hemos corregido en *balance*.

SALIDA. Significa, entre otras cosas, «dicho agudo», «ocurrencia». Conviene desterrar la palabra francesa *boutade,* que resulta innecesaria.

SALVAGUARDA. O, también, *salvaguardia*. Pero el verbo correspondiente es *salvaguardar*, no *salvaguardiar*.

SÁNSCRITO. «Lengua antigua de la India». La Academia ha excluido recientemente la forma *sanscrito*, que figuraba en su diccionario.

SATISFACER. Verbo irregular. Evítense los vulgarismos *satisFAcieron, satisFACEría*, etc.

SCOUT. Miembro de una organización juvenil cuyo fin es la formación por medio de actividades al aire libre». Este vocablo sirve para los dos géneros, y su plural es *scouts*.

SEFARDÍ. «Judío oriundo de España». Es preferible esta forma a la de *sefardita*.

SEGUIDA, EN. Puede escribirse indistintamente *en seguida* o *enseguida*. En cambio, *DE seguida* es un vulgarismo que debe evitarse.

SEGUIDAMENTE. Este adverbio se usa de modo incorrecto en frases como esta: *SEGUIDAMENTE A la intervención del orador, se ofreció un cóctel*. La construcción correcta en este caso y otros similares es *DESPUÉS DE* (o *TRAS* o *A CONTINUACIÓN DE*) *la intervención...*

SEGURA. Este adjetivo se aplica a veces por pura inercia a sustantivos como *fuente*. Se afirma, por ejemplo, que se trata de *una fuente segura*; pero lo que se quiere realmente indicar es que la fuente merece toda confianza. Sería más propio decir que la fuente es *fidedigna* o *digna de crédito*.

SELF-SERVICE. Véase *autoservicio*.

SEMÁNTICO. Este vocablo alude al «significado de las palabras». No obstante, con cierta frecuencia, se le atribuye un sentido equivocado. Se dice, por ejemplo: *las propuestas de los principales grupos políticos sólo tienen diferencias SEMÁNTICAS*, queriendo decir que tales grupos políticos sólo están en desacuerdo en *cuestiones de detalle*, o en simples *aspectos formales*. Pero lo que realmente se afirma es que las diferencias entre los grupos políticos son importantes, porque atribuyen distinto significado a las palabras. La frase correcta habría sido: *Las propuestas... sólo tienen diferencias FORMALES* (o *DE DETALLE*, o *DE MATIZ*).

SENCILLO. Como sustantivo masculino, es el nombre que se da (en lugar de *single*) al disco de 17 centímetros de diámetro.

SENDER. El apellido del escritor Ramón J. Sender se acentúa como palabra aguda: *Sender*, no *Sénder*, como se oye con frecuencia.

SENDOS. Adjetivo que se usa siempre en plural, y significa «uno cada uno». En la frase: *Petra y Juana recibieron SENDOS reproches*, se afirma que cada una de ellas recibió un reproche.

Es absurdo el significado de «grandes» que a veces se da a este adjetivo. Tampoco significa «ambos». Sería incorrecta, por ejemplo, la exposición siguiente: *Hace unos días atracaron a Pedro. Hoy han vuelto a atracarlo. Es probable que el autor de SENDOS atracos sea el mismo*. Finalmente, tampoco debe confundirse *sendos* con *recíprocos*, aunque alguna vez pueda referirse a lo mismo. Por ejemplo, la frase *Petra y Juana se hicieron SENDOS regalos* quiere decir propiamente que cada una hizo un regalo a la otra. En este caso se trata de *sendos* regalos que son también regalos *recíprocos*; pero si Petra hizo un regalo a Juana y Juana la correspondió con dos, ambas se hicieron regalos *recíprocos*, pero no *sendos* regalos.

SENTARSE. Debe distinguirse entre la locución *sentarse A* y *sentarse EN*. Por ejemplo, *sentarse a la mesa* significa «tomar asiento junto a la mesa»; y *sentarse en la mesa*, «tomar asiento encima de la mesa».

SENTENCIAR. «Emitir una sentencia». No equivale a *asegurar* o *afirmar*, a no ser que se quiera decir con cierta ironía que el que *asegura* o *afirma* lo hace como si se considerase infalible. Por lo tanto, no es correcto decir: *el portavoz del Gobierno SENTENCIÓ que esos asesinos terminarán en la cárcel* (en lugar de *el portavoz... ASEGURÓ que...*).

SER. La expresión «ser objeto de» es una perífrasis frecuentemente innecesaria. Por ejemplo, *el guardia jurado FUE OBJETO DE una agresión* (en lugar de *... FUE AGREDIDO*).

SERIAL. Como adjetivo, significa «perteneciente o relativo a una serie». Como sustantivo: «novela o reportaje emitido (por radio o televisión) en una serie de entregas».

SEUDO. Prefijo que indica «falso». Es preferible esta forma a *pseudo* (con *p*).

SEVERO. Este adjetivo significa «riguroso» o «grave», y se aplica sólo a las personas. Es anglicismo aplicarlo a cosas, por ejemplo: *el Atlético de Madrid sufrió una SEVERA derrota* (en lugar de ... *una GRAVE derrota*).

SEX-APPEAL. «Atractivo físico y sexual de una persona». Esta voz inglesa figura ya en el *Diccionario manual* de la Academia.

SHOCK. Dígase mejor *choque* o *conmoción*.

SHOW. Siempre que sea posible debe sustituirse por *número* de un espectáculo o *exhibición*.

SILENCIAR. «Callar», «pasar en silencio». Es verbo transitivo, pero no lleva complemento de persona, pues no significa «hacer callar», sino «callar» o «pasar en silencio». Por eso es incorrecta la frase: *El orador SILENCIÓ a la multitud* (en lugar de ... *HIZO CALLAR a la multitud*); pero se diría correctamente: *La prensa SILENCIÓ la noticia*.

SIMPOSIO. «Conferencia o reunión en que se examina y discute determinado tema».

SÍNDROME. «Conjunto de signos y síntomas característicos de una enfermedad». En ocasiones, se usa incorrectamente este término: *Los niños están más predispuestos a contraer el SÍNDROME* (en lugar de: ... *a contraer la ENFERMEDAD*).

SINFÍN. Distíngase el sustantivo masculino *sinfín* («infinidad») de la locución adjetiva *sin fin* («inacabable»).

SINGLADURA. «Distancia recorrida por una nave en veinticuatro horas». En sentido metafórico, se aplica con poco acierto a la vida de una persona o a un período de cierta actividad.

SINIESTRALIDAD. «Frecuencia o índice de siniestros».

SOBRECONTRATACIÓN. Traducción correcta de *overbooking*: «Contratación de plazas hoteleras (o para un vuelo en avión) en número superior al disponible».

SOBREFATIGA. Versión española del vocablo francés *surmenage*.

SOBRENTENDER. La Academia prefiere esta forma a *sobreentender*.

SOFÁ. Plural, *sofás*.

SOFISTICADO. «Falto de naturalidad, afectadamente refinado». Este vocablo se emplea también como sinónimo de «complejo» o «complicado»: *El país cuenta con una SOFISTICADA máquina de guerra*.

SORPRENDENTE. «Que sorprende o causa asombro». Algunos usan como sinónimo el adjetivo de origen americano *sorpresivo* que no significa exactamente lo mismo. *SORPRESIVO* quiere decir «que se produce por sorpresa».

SPOT. Puede traducirse por *anuncio* o *espacio publicitario*.

STAFF. No debe usarse este vocablo inglés en sustitución de *equipo* o *estado mayor*.

STANDING. Voz inglesa de uso innecesario, en lugar de *categoría* o *nivel*.

STARTER. «Mecanismo de arranque en frío». Puede hispanizarse como *estárter*.

STATUS. Innecesario latinismo anglicado, en lugar de *estado*, *situación*, o bien, en sociología, *posición social* o *posición económica*.

STOCK. Dígase, mejor, *existencias* o *reservas*.

SUAJILI. Así se pronuncia *swahili*, nombre de una lengua hablada en varios países del África Oriental.

SUD. Prefijo más usado que *sur*: *Sudamérica*, *Sudáfrica*, *Sudeste*, *Sudoeste*, *sudvietnamita...*

SUÉTER. Hispanización del inglés *sweater*. El plural es *suéteres*.

SUITE. Nombre femenino que en francés significa «serie». En español (pronunciado [suit]) se usa con dos acepciones: «obra musical constituida por una serie de piezas» y «conjunto de habitaciones, a manera de apartamento, que se alquila en un hotel».

SUPERÁVIT. «Exceso del haber sobre el debe». No varía en plural.

SUPERREALISMO. Es la traducción correcta de la voz francesa *surréalisme*, tradicionalmente mal traducida por *surrealismo*.

SURMENAGE. Véase *sobrefatiga*.

SURREALISMO. Véase *superrealismo*.

SUSPENSE. «En el cine y otros espectáculos, situación emocional, generalmente angustiosa, producida por una escena dramática de desenlace diferido o impreciso».

SUSTANCIA. La Academia prefiere esta forma a «substancia».

SUSTRATO. En filosofía, «sustancia»; en lingüística, «conjunto de los rasgos que una lengua extinguida en un territorio por implantación de otra ha legado a ésta».

SUTIL. «Delicado», «perspicaz». Es palabra aguda, y constituye un vulgarismo notable pronunciarla como llana.

TABÚ. Plural, *tabúes* o *tabús*.

TAQUILLERO, TAQUILLERA. Se aplica este adjetivo al artista o espectáculo «que atrae mucho público y produce mucha recaudación».

TAXI. Es la forma del singular. Plural, *taxis*.

TECNOCRACIA. «Ejercicio del poder por los técnicos».

TEDÉUM. «Cántico que usa la Iglesia para dar gracias a Dios por algún beneficio».

TELEDIRIGIDO. «Aparato o vehículo guiado o conducido por medio de un mando a distancia».

TELEFONILLO. «Dispositivo para comunicación oral dentro de un edificio».

TEMA. «Proposición o texto que se toma por asunto de un discurso». Es un vocablo excesivamente repetido en los textos: *Se abordó el TEMA, el principal TEMA de debate, la primera cuestión es resolver el TEMA...* Conviene sustituir a veces esta palabra por alguno de sus sinónimos: *asunto, problema, cuestión.*

TERMINAL. Es del género femenino cuando significa «extremo de una línea de transporte público»: *La (estación) TERMINAL de la línea 1 del «metro»*; masculino, cuando indica «extremo de un conductor eléctrico»: *El cable de alta tensión tenía un grueso TERMINAL...*

* TERMOTERAPIA. «Tratamiento de las enfermedades mediante la aplicación de calor».

TERRARIO. «Instalación adecuada para mantener vivos y en las mejores condiciones a ciertos animales, como reptiles, etc.».

TIEMPO. Es aceptable la expresión *a tiempo completo* (calco del inglés *full time*); pero es mejor su equivalente *con dedicación exclusiva*: *Un veinte por ciento de los funcionarios trabaja CON DEDICACIÓN EXCLUSIVA.*

TILDAR. «Señalar a alguien con una nota denigrativa». Este verbo no significa *calificar*; por lo tanto, no es correcta la frase: *La mejor actriz del teatro español, como la TILDAN los amigos.*

TIPICIDAD. «Calidad de típico».

TISULAR. «Perteneciente o relativo a los tejidos de los organismos».

* TOCOMOCHO. «Billete de lotería falso, que se emplea para estafar a alguien».

TODO. La expresión *como un todo* es calco de la inglesa *as a whole*. Puede decirse, mejor, *en conjunto*: *Considerados los hechos EN CONJUNTO (o globalmente), se extraen interesantes conclusiones.*

TÓPICO. «Lugar común», «expresión vulgar». Estos son los verdaderos sentidos de este término. Empleado con la acepción de «tema», es anglicismo (inaceptable calco de *topic*).

* TOUR. «Vuelta», «excursión», «viaje».

* TOURNÉE. Voz francesa. Designa la acción de recorrer diversos lugares por deporte, turismo...», o bien la «gira artística de un cantante, una compañía de teatro, etc.». Se pronuncia [turné].

TRANSEXUAL. «Persona que mediante un tratamiento hormonal e intervención quirúrgica adquiere los caracteres sexuales del sexo opuesto».

TRAVESTIDO. «Que viste ropas propias del sexo contrario». Equivale al vocablo francés *travesti*.

TRUST. Vocablo inglés que designa un «organismo resultante de la concentración de un grupo de empresas que delegan sus acciones en favor de una acción común.»

UBICAR. Este verbo se usa mucho en el español de América con el sentido de «situar», «colocar», «instalar». En España suele usarse precedido del auxiliar *estar*: *El palacio ESTÁ UBICADO* (o *situado*) *en las afueras de la población*; pero *la exposición HA SIDO INSTALADA en un lugar apropiado.*

* UFOLOGÍA. «Disciplina que estudia los hechos y problemas suscitados por la hipotética existencia de objetos volantes no identificados (OVNIS) y la posibilidad de acercamiento a la Tierra de seres de otros planetas».

ULTIMÁTUM. En el lenguaje diplomático, «resolución terminante y definitiva, comunicada por escrito». El plural más frecuente es *ultimátums.*

UMBRAL. «Suelo situado debajo de la puerta, a la entrada de una casa». Nótese que *dintel* es exactamente lo contrario.

UN. Es anglicismo innecesario anteponer el artículo indefinido *un*, *una* a un nombre que va en aposición a otro: *Madrid, UNA ciudad abierta a todos*; *Cartagena, UN puerto muy seguro*. En las dos frases sobra el artículo indefinido. Tampoco debe anteponerse a nombres profesionales si no llevan ninguna calificación. Sobra el artículo en *su hermano es UN médico*. Es correcto en *su hermano es UN médico excelente.*

UNDÉCIMO. Ordinal que corresponde a once. No es correcto decir, en su lugar, *décimo primero* o *decimoprimero*, y mucho menos *onceavo.*

* UNDERGROUND. (Voz inglesa). «Dícese de las manifestacio-

nes artísticas o literarias que se apartan de la tradición o de las corrientes contemporáneas».

* UNISEX. «Dícese de las prendas de vestir adecuadas tanto para hombres como para mujeres».

VATIO. Así se escribe, y no *watio*, el nombre de cierta unidad de potencia eléctrica.

VEINTIUNO. Evítense las pronunciaciones vulgares [ventiuno] y [vintiuno].

VENIR. Verbo irregular. La construcción *venir de* + *infinitivo*, en lugar de *acabar de* + *infinitivo*, es un galicismo que debe evitarse.

VERGONZANTE. «Que siente vergüenza». No es sinónimo de *vergonzoso* (que puede significar también «que causa vergüenza).

VERMÚ o *vermut*. Es preferible la primera forma. Su plural es *vermús*.

VERSO. «Línea de un poema». Es vulgarismo bastante frecuente confundir *verso* con *poema* o *poesía*; por ejemplo: *Dime ese VERSO de la mona que subió a un nogal*.

VERSUS. Latinismo innecesario, empleado por influencia de la moda inglesa para sustituir la locución prepositiva *frente a*.

VEZ. La locución *de una vez por todas* es un calco de la locución francesa *une fois pour toutes*. En buena español se dice: *de una vez* o *de una vez para siempre*.

VÍCTIMA. «Persona que sufre un daño por agresión o accidente». Las *víctimas* de un accidente no son sólo los *muertos* en él, sino también los *heridos*.

VIOLONCHELO. Esta es la forma preferida por la Academia, que admite también *violoncelo*; pero no la forma italiana *violoncello*.

VIRTUD. Es correcta la locución *en virtud de* para significar «a consecuencia de» o «como resultado de». Evítese *a virtud de*.

W. En español, sólo existe la *w* en nombres de origen extranjero. Si están plenamente incorporados, la *w* suena como la *b*: por ej. en *Wenceslao*, *wáter*, *wólfram*. Si no lo están, se respeta la pronunciación propia de su idioma: por ej., en *Washington* y *whisky* suena como la *u*; como la *v* francesa, o más popularmente, como la *b*, en *Wagner*, *Weber*, *Werner* y otros nombres alemanes.

WAGON-LIT. Evítese este anglicismo. Dígase *coche-cama*. El plural de esta palabra es *coches-cama* o, menos frecuentemente, *coches-camas*.

WATERPOLO. En español, este deporte se denomina *polo acuático*. En caso de preferir el nombre inglés, que está muy extendido, convendría acercarse a la pronunciación correcta: *uóter-polo*.

WEEK-END. Anglicismo innecesario por *fin de semana*.

WESTERN. «Película del oeste americano». *Western* es denominación de uso universal. Su pronunciación aproximada es [uéstern].

WOLFGANG. Nombre alemán, que se pronuncia [volfgang], no [guólfan].

WÓLFRAM. El *DRAE* incluye también *wolframio*.

WOTAN. Dios de la mitología germánica. Se pronuncia [vótan], con *v* francesa.

YANQUI. Estadounidense; en algunos países tiene matiz despectivo. No debe escribirse *yankee*, ni *yanki*.

YAZ. Así adapta la Academia la palabra inglesa *jazz*.

YEMENÍ. «Del Yemen». Úsese esta forma, en lugar de *yemenita*. Plural, *yemeníes*.

YEN. Moneda japonesa. Plural, *yenes*.

YÍDISH. «Lengua de origen alemán, de los judíos europeos y de los judíos emigrados de Europa».

YOGUR. «Variedad de leche fermentada». Plural, *yogures*.

YONQUI. El *Diccionario manual* de la Academia ha incluido esta palabra, con la que se designa en el lenguaje de la droga al que se pincha asiduamente.

YÓQUEY o *yoqui*. De esta doble forma ha adaptado la Academia la palabra inglesa *jockey* («jinete profesional de carreras de caballos»).

YUDO. «Antiguo sistema de lucha japonés, que hoy se practica como deporte». La Academia acepta también la forma *judo*, pero da preferencia a *yudo*. El vocablo *yudoca* designa a la «persona que practica el yudo». Se incluye en la última edición del DRAE.

YUGOSLAVO o *yugoeslavo*. Es preferible la primera forma.

IV. APÉNDICES

DENOMINACIONES

● EꜱᴘᴀÑᴀ

– La Constitución de 1978 denomina a «la patria común de todos los españoles»: *España, Nación española, Estado español, Estado.* Todos estos nombres se escriben con mayúscula.
– El término *geografía española* se usa a veces incorrectamente. Según el DRAE, *geografía* es «la ciencia que trata de la descripción de la Tierra». *Geografía nacional* quiere decir, por tanto, «la ciencia que trata de la descripción (física, política, etc.) de la nación». Por eso no tienen sentido frases como: *Ha recorrido toda la geografía nacional.* Tampoco es apropiada la frase: *Ha llovido en todo el Estado español*, porque la expresión *Estado español* es de índole política preferentemente. Es mejor: *Ha llovido en toda España.* (Por el mismo motivo, es más acertado decir: *Hay temporal en las costas de Galicia*, que *hay temporal en las costas de la Comunidad Autónoma gallega.*)

● Cᴏᴍᴜɴɪᴅᴀᴅᴇꜱ ᴀᴜᴛᴏ́ɴᴏᴍᴀꜱ

– Conviene distinguir entre *Comunidad Autónoma* y *autonomía.* La Comunidad Autónoma es una unidad territorial; la autonomía es el derecho al autogobierno. Por consiguiente, existen 17 comunidades autónomas, no «17 autonomías»; y es correcto decir, por ejemplo, *el expropiado ha interpuesto un recurso contra la Comunidad Autónoma de Madrid*, no: *... contra la autonomía de Madrid.*
– *Autónomo* y *autonómico* no son sinónimos. El DRAE define *autónomo*: «Que goza de autonomía», y *autonómico*: «Perteneciente o relativo a la autonomía». Es *autónoma*, por tanto, la Comunidad; y son *autonómicos*, por ejemplo, su gobierno, su asamblea, sus leyes, etc.

● Fᴜᴇʀᴢᴀꜱ ᴀʀᴍᴀᴅᴀꜱ

Conviene recordar que están constituidas por el Ejército de Tierra, la Armada y el Ejército del Aire.

La Armada es exclusivamente la marina de guerra. No cabe confundirla (por influencia del francés *armée* o del inglés *army*) con la ·totalidad de las Fuerzas Armadas.

● PODER JUDICIAL

Se confunde, a veces, en los textos *tribunal* con *juzgado*, ignorando que el primero está constituido por tres o más personas, y el segundo por sólo una. Se dice, por ejemplo: *El acusado prestó declaración ante el Tribunal en las diligencias previas*, en lugar de: *El acusado prestó declaración ante el juez instructor...*

– El término *contencioso* está reconocido por el DRAE como adjetivo. Pero hay una práctica viciosa que lo sustantiva y lo usa en lugar de *litigio*: *El contencioso que enfrenta a los sindicatos con la patronal*, o *el contencioso planteado entre Chile y Argentina...*

TRATAMIENTOS Y PREFERENCIAS EN ACTOS Y VISITAS OFICIALES

● TRATAMIENTOS

En los programas informativos se designa a las personas por su nombre, sin título de cortesía, ni siquiera el *don*. Esta regla es válida incluso para los miembros del Gobierno de la nación, de los Gobiernos Autonómicos, de otras Instituciones, de la Administración Local, etc. Dentro de un contexto, y para evitar repeticiones, es lícito designar a la persona sólo por su apellido, sobre todo cuando su uso no da lugar a confusión posible: *Solchaga, Aranzadi...*

Existen, sin embargo, excepciones a la norma general enunciada:

Casa Real. El Rey y la Reina tienen tratamiento de *Su Majestad* (*S. M.*, en abreviatura); en plural, *Sus Majestades* (*SS. MM.*).

Cuando se nombra a los Reyes por su nombre de pila, ha de anteponerse a él *Don* o *Doña* (con mayúscula): *Don Juan Carlos* o *Doña Sofía*. Son también correctas las denominaciones: *el Rey Juan Carlos* (o *el Rey Juan Carlos I*) y *la Reina Sofía*. En ulteriores alusiones, dentro de la misma información, bastará a veces consignar: *el Rey, la Reina* o *los Reyes*. Pero evítese el término *los Monarcas*, pues *Monarca* sólo hay uno: el Rey.

El Príncipe y las Infantas tienen tratamiento de *Su Alteza Real* (*S.A.R.*, en abreviatura). A sus nombres de pila se antepone *don* o *doña* (con minúscula): *don Felipe, doña Elena, doña Cristina*. Son también correctas las formas: *el Príncipe Felipe, la Infanta Elena, la Infanta Cristina*.

Familia Real. Tienen tratamiento de *Su Alteza Real* los padres del Rey: *don Juan de Borbón*, Infante de España y Conde de Barcelona; y *doña María de las Mercedes*, Princesa de las Dos Sicilias.

Disfrutan del mismo tratamiento las hermanas del Rey, las infantas *doña María del Pilar* y *doña Margarita*; los tíos y los primos hermanos del Rey.

Delante de sus nombres de pila se escribe *don o doña*, con minúscula.

Clero secular y regular. Al Romano Pontífice se le designa por su nombre: *Juan Pablo II* o por las denominaciones de *el Papa, el Sumo Pontífice* (o el *Romano Pontífice*, como se hizo al principio). Se nombra a los Cardenales por su nombre de pila y su apellido (o sólo por su apellido), precedido de *el Cardenal*: *el Cardenal Ángel Suquía*, o *el Cardenal Suquía*. Arzobispos y Obispos pueden ser nombrados por su nombre y apellido o sólo por este último precedido por *monseñor* (*Mons.*, en abreviatura): *el Obispo Mons. Cirarda*. Los sacerdotes del clero secular tienen el tratamiento de *padre*; también los religiosos no frailes del clero regular (miembros de órdenes religiosas, como los jesuitas, por ejemplo). Los miembros del clero regular que son frailes tienen el tratamiento de *fray* (si están ordenados de presbíteros), o de *hermano* (si no lo están); y las religiosas, de *sor* o *hermana*.

Dignatarios civiles, militares o académicos. Sus nombres pueden ir precedidos, aunque no siempre dentro de una misma información, por los títulos que les correspondan: *excelentísimo, ilustrísimo, doctor...*

Nombres extranjeros. Se rigen por la norma general. Son nombrados por su nombre de pila y su apellido, o solamente por su apellido (juntamente con su cargo, o no, según el contexto): *el Canciller Helmut Kohl* o *Helmut Kohl*; *el Presidente Bush* o *George Bush*; *Karl Popper*; *Francesco Cossiga*; *Mitterrand...*

Autoridades, Instituciones y Corporaciones se ordenan en los actos oficiales de acuerdo con lo establecido por un Real Decreto de 1983. El orden varía sólo parcialmente según se celebren dichos actos en Madrid, como capital del Estado, o en el territorio propio de una Comunidad Autónoma.

1. Tratándose de personas:

En los actos oficiales organizados por la Corona, el Gobierno o la Administración del Estado,

a) si el lugar de celebración es Madrid, como capital del Estado y sede de las Instituciones, el orden de preferencia es el siguiente:

1. Rey o Reina.
2. Príncipe de Asturias.
3. Infantas de España.
4. Presidente del Gobierno.
5. Presidente del Congreso de los Diputados.
6. Presidente del Senado.
7. Presidente del Tribunal Constitucional.
8. Presidente del Consejo General del Poder Judicial.
9. Vicepresidente del Gobierno.
10. Ministros del Gobierno. (1)
11. Decano del Cuerpo Diplomático y Embajadores extranjeros acreditados en España.
12. Ex Presidentes del Gobierno.
13. Presidentes de los Consejos de Gobierno de las Comunidades Autónomas.
14. Jefe de la Oposición.
15. Alcalde de Madrid.
16. Jefe de la Casa de Su Majestad el Rey.

(1) Entre los Ministerios, la precedencia es la siguiente: 1) Asuntos Exteriores, 2) Justicia, 3) Defensa, 4) Economía y Hacienda, 5) Interior, 6) Obras Públicas y Urbanismo, 7) Educación y Ciencia, 8) Trabajo y Seguridad Social, 9) Industria y Energía, 10) Agricultura, Pesca y Alimentación, 11) Presidencia, 12) Transportes, Turismo y Comunicaciones, 13) Cultura, 14) Administración Territorial, 15) Sanidad y consumo, 16) Relaciones con las Cortes y de la Secretaría del Gobierno, 17) Asuntos Sociales, 18) Portavoz del Gobierno.

17. Presidente del Consejo de Estado.
18. Presidente del Tribunal de Cuentas.
19. Fiscal General del Estado.
20. Defensor del Pueblo.
21. Secretarios de Estado, según su orden, y Presidente de la Junta de Jefes de Estado Mayor y Jefes de Estado Mayor de los Ejércitos de Tierra, Mar y Aire.

b) Si el acto se celebra en el territorio propio de una Comunidad Autónoma:

1. Rey o Reina.
2. Príncipe de Asturias.
3. Infantas de España.
4. Presidente del Gobierno.
5. Presidente del Congreso de los Diputados.
6. Presidente del Senado.
7. Presidente del Tribunal Constitucional.
8. Presidente del Consejo General del poder Judicial.
9. Vicepresidente del Gobierno.
10. Presidente del Consejo de Gobierno de la Comunidad Autónoma.
11. Ministros del Gobierno.
12. Decano del Cuerpo Diplomático y embajadores extranjeros acreditados en España.
13. Ex Presidentes del Gobierno.
14. Presidentes de los Consejos de Gobierno de otras Comunidades Autónomas.
15. Jefe de la Oposición.
16. Presidente de la Asamblea Legislativa de la Comunidad Autónoma.
17. Delegado del Gobierno en la Comunidad Autónoma.
18. Alcalde del municipio del lugar.
19. Jefe de la Casa de Su Majestad el Rey.
20. Presidente del Consejo de Estado.
21. Presidente del Tribunal de Cuentas.
22. Fiscal general del Estado.
23. Defensor del Pueblo.
24. Secretarios de Estado, según su orden, y Presidente de la Junta de Jefes de Estado Mayor y Jefes de Estado Mayor de los Ejércitos de Tierra, Mar y Aire...

2. Tratándose de instituciones y corporaciones:

En actos oficiales de carácter general, organizados por la Corona, el Gobierno de la Administración del Estado,

a) si el lugar de celebración es Madrid, como capital del Estado y sede de las instituciones, el orden de preferencia es el siguiente:

1. Gobierno de la Nación.
2. Cuerpo Diplomático acreditado en España.
3. Mesa del Congreso de los Diputados.
4. Mesa del Senado.
5. Tribunal Constitucional.
6. Consejo General del Poder Judicial.
7. Tribunal Supremo.
8. Consejo de Estado.
9. Tribunal de Cuentas.
10. Ministerios.
11. Instituto de España y Reales Academias.
12. Consejo de Gobierno de la Comunidad Autónoma de Madrid.
13. Asamblea Legislativa de la Comunidad Autónoma de Madrid.
14. Tribunal Superior de Justicia de Madrid.
15. Ayuntamiento de Madrid.
16. Claustro Universitario.

b) Si el lugar de celebración de los actos es el territorio propio de una Comunidad Autónoma,

1. Gobierno de la Nación.
2. Cuerpo Diplomático acreditado en España.
3. Consejo de Gobierno de la Comunidad Autónoma.
4. Mesa del Congreso de los Diputados.
5. Mesa del Senado.
6. Tribunal Constitucional.
7. Consejo General del Poder Judicial.
8. Tribunal Supremo.
9. Asamblea Legislativa de la Comunidad Autónoma.
10. Consejo de Estado.
11. Tribunal de Cuentas.
12. Tribunal Superior de Justicia de la Comunidad Autónoma.
13. Ayuntamiento de la localidad.

14. Ministerios.
15. Consejerías de Gobierno de la Comunidad Autónoma.
16. Instituto de España y Reales Academias.

● PREFERENCIAS EN VISITAS OFICIALES

1. De Jefes de Estado a Madrid. Son recibidos en el aeropuerto de Barajas por el embajador de su país en España, el Jefe de Protocolo del Estado, el Jefe de la Casa del Rey, el Teniente General Jefe de la Primera Región Aérea y el Director del aeropuerto.

En el Palacio de El Pardo, suelen ser acogidos por Sus Majestades los Reyes, acompañados por el Jefe del Estado Mayor de la Defensa y el Jefe del Cuarto Militar.

Al acto son normalmente convocados:

1. Presidente del Gobierno.
2. Presidente del Congreso de los Diputados.
3. Presidente del Senado.
4. Ministro de Asuntos Exteriores.
5. Alcalde de Madrid.
6. Secretario de Estado para la Comunidad Internacional.
7. Secretario de Estado para Iberoamérica (en caso de que el dignatario sea de un país iberoamericano), o Secretario para las Comunidades Europeas (si se trata de un dignatario de la CE).
8. Jefe del Estado Mayor del Ejército.

Si son los Reyes quienes reciben o despiden a un Jefe de Estado extranjero en el aeropuerto de Barajas, van acompañados por estas personalidades:

1. Ministro de Asuntos Exteriores.
2. Alcalde de Madrid.
3. Jefe del Estado Mayor de la Defensa.
4. Un Vicepresidente del Congreso de los Diputados.
5. Un Vicepresidente del Senado.
6. Delegado del Gobierno en la Comunidad de Madrid.
7. Teniente General Jefe de la Primera Región Aérea.

2. De Jefes de Gobierno a Madrid. Son recibidos o despedidos en el aeropuerto de Barajas por el Embajador de su país en España y el Jefe del Protocolo del Estado.

PRONUNCIACIÓN CORRECTA

No es necesario ponderar la importancia de la correcta pronunciación de las palabras en un medio de comunicación hablada, como la televisión. No estará de más apuntar aquí algunas nociones, al menos elementales, que contribuyan a la mejor inteligibilidad del mensaje.

Conviene tener presente que, aunque en castellano la similitud entre el lenguaje hablado y el escrito sea mayor que la de otros idiomas europeos, la semejanza no es perfecta. No se ha cumplido el ideal de Nebrija de igualar el habla a la escritura. La recomendación del insigne gramático sigue, sin embargo, en pie, por más que su práctica se vea amenazada por influencias regionales, vulgarismos y seudocultismos.

● OBSERVACIONES SOBRE LA PRONUNCIACIÓN DE ALGUNAS CONSONANTES

– **B.** La *b* y la *v* no son fonemas distintos, como ocurre, por ejemplo, en otros idiomas (catalán), donde la *v* se pronuncia de modo semejante a la *f*, pero con vibración de las cuerdas vocales. En castellano, *b* y *v* se pronuncian [b].

Tiende a desaparecer la *b* cuando va seguida de *s* en: *sustantivo, oscuro, suscripción*; pero se conserva aún en las siguientes palabras: *abstener, obsceno, abstemio, abscisa, obstáculo, abstruso, abstracto, obstruir, absceso*.

– **C.** Ante *e* o *i* se pronuncia *z*; en los demás casos, *k*.

La pronunciación de *c* como *s* (*seseo*) sólo se considera normal en Andalucía, Canarias y América.

Es corriente no pronunciar la *c* al final de palabra: *coñá* (coñac), *cin* (cinc). Pero la pronunciación cuidada es [koñák] y [zink].

– **CH.** Se considera vulgar la pronunciación andaluza que acerca esta consonante al sonido de *sh* en inglés.

– **D.** Es vulgar la supresión de la *d* en la terminación de los participios pasivos de la primera conjugación: *acabao, terminao*, y más aún en los de la segunda y tercera: *corrío, nació, dormío, podrío*.

Tampoco es correcto dar a la *d* el sonido de *z* al final de palabras, como *actividad, verdad*; *pared, usted*; *David, Madrid*; *salud, virtud*.

– **H.** No representa sonido alguno. Por razones etimológicas o tradicionales se escribe al comienzo o dentro de algunas palabras.

114

Por influjo de lenguas extrajeras, se pronuncia con sonido parecido al de la *j* en determinadas palabras tomadas de otros idiomas: *hippy, holding, Hawai, Sahara, Haendel...*

– **J.** Es corriente no pronunciar la *j* de *reloj*. Pero nadie deja de pronunciar la *j* final en palabras como *boj, carcaj* o *troj*.

– **L.** Es muy vulgar la sustitución de la *l* por *r*: *cardo* (por *caldo*), y también la supresión de la *l* final, que se da en alguna región: *capitá* (por *capital*).

– **LL.** La pronunciación propia de esta consonante se conserva en amplias regiones de España y América. Pero en otras muchas zonas, tanto de España como de Hispanoamérica, se pronuncia la *ll* como la *y* cuando funciona como consonante, de modo que no se distingue entre *pollo* y *poyo*, *calló* y *cayó*, *valla* y *vaya*, etc. La pronunciación igual de ambas consonantes se llama yeísmo, que hoy se admite como correcto.

– **P.** Se omite a veces la *p* en algunas palabras: *setiembre, sétimo, suscritor*; pero, en general, el lenguaje culto la sigue manteniendo en casos similares.

Cuando la palabra comienza por *ps* o *pt*, se admite no pronunciar la *p*: *ptialina* (*tialina*), *psicología* (*sicología*)... Pero el uso culto prefiere conservarla.

– **S.** El *ceceo* (conversión de la *s* en *z*) se reduce a Cádiz, parte de las provincias de Huelva, Sevilla, Málaga y Granada, y pequeñas comarcas de Córdoba, Jaén y Almería. Se considera pronunciación un tanto burda.

– **T.** En la pronunciación corriente, tiende a relajarse y convertirse en *d* en algunas palabras: *atlántico, atleta, ritmo...*; llega a desaparecer en la pronunciación popular descuidada, que convierte *atlántico* en *alántico* y *atlético* en *alético*. Los locutores deben mantener la *t* en estos casos.

– **V.** Su sonido no se distingue en español del de la *b*. Sólo se pronuncia de modo parecido a la *v* francesa o italiana en algunos sectores del Levante español. En un locutor, esta pronunciación se consideraría afectada.

– **W.** En palabras plenamente incorporadas al castellano (*Wenceslao*) se pronuncia como *b*. En nombres y apellidos alemanes, como *Erwin, Ludwig, Wilhelm, Werner, Weber, Westerwald*, se debe pronunciar como la *v* francesa o italiana, no como la *w* inicial inglesa.

– **X.** Cuando va entre vocales o al final de palabra, se pronuncia *ks*. Cuando la *x* va al principio de palabra, se pronuncia *s*: *xilografía* (*silografía*). Se considera afectada la pronunciación de *x* como *ks* en palabras tales como *extra* o *exponer*.

– **Y.** Tiende a confundirse la pronunciación de *y* consonante con la del grupo inicial *hi* seguido de *e*. La Academia acepta las formas *yedra* y *yerba*, aunque prefiere *hiedra* y *hierba*. La pronunciación cuidada distingue entre las sílabas *hie* de *hiedra* y *ye* de *yegua*.

● CATÁLOGO DE BREVES RECOMENDACIONES

1. Es aconsejable la previa lectura en voz alta del texto antes de grabarlo o leerlo ante la cámara. De ese modo se eliminan errores de dicción.

2. Es de todo punto indispensable la correcta pronunciación del castellano y de los vocablos de otras lenguas españolas que se incluyan en su versión original.

3. Deben respetarse los signos ortográficos: *a*) con la pausa debida en las comas, puntos, etc.; *b*) con la inflexión de voz adecuada en los dos puntos, el paréntesis, la admiración, la interrogación...; c) con la acentuación correcta de las palabras. (A ello puede contribuir la consulta del léxico de vocablos de pronunciación dudosa o viciada, que se inserta más adelante.)

4. La velocidad de la lectura no comprometerá la inteligibilidad del mensaje.

5. El tono: *a*) debe ser coloquial; *b*) debe huir de la monotonía; c) no debe ser declamatorio, ni enfático, ni solemne, ni triunfalista, ni didáctico, ni afectado, ni pedante.

6. En emisiones destinadas a todo el país, se evitará el acento regional.

● RELACIÓN DE PALABRAS DE PRONUNCIACIÓN DUDOSA O VICIADA*

ACROBACIA. Se pronuncia [akrobácia], no [akrobacía].
ACRÓPOLIS. Es nombre femenino; en plural no varía su forma.
ADAPTAR. Evítense las pronunciaciones vulgares: [adaztar], [adaktar].
ADICCIÓN. Con dos *ces*, significa «condición de adicto a una droga». Con una *c*, «suma».
AERÓDROMO. Es palabra esdrújula.

* Las transcripciones fonéticas que ofrecemos deben entenderse como aproximadas.

AEROFAGIA. No *aerofagía*.

AEROPUERTO. No *areopuerto*.

AFRODISIACO. Se puede pronunciar como llana o como esdrújula.

ALÉRGENO. No *alergeno*.

ALVEOLO o alvéolo.

AMONIACO o amoníaco.

ÁNDALUS (EL). Es palabra esdrújula.

ANHÍDRIDO. Es palabra esdrújula.

ANTIOQUIA. Sin tilde en la segunda *i*, es la ciudad colombiana de este nombre; con tilde, es la ciudad turca: Antioquía.

ANTROPOFAGIA. No *antropofagía*.

ARGÓ. Es pronunciación más frecuente que *argot*.

ASEQUIBLE. Evítese la errónea pronunciación [aksekíble].

ASFIXIAR. No [aksfisiár].

AURIGA. Es palabra llana.

BANTÚ. No [bántu].

BAYREUTH. El nombre de esta ciudad alemana se pronuncia [bairoit].

BELMEZ. El nombre de esta villa cordobesa se pronuncia [belméz].

BILBAÍNO. No *bilbáino* (salvo en el País Vasco).

BOINA. Se pronuncia [bóina], no [boína] (como en Andalucía).

BOÎTE. Se pronuncia [buát].

BRIDGE. Se pronuncia [brich].

BUDÍN. Es palabra aguda; *pudin*, en cambio, es llana.

BUNGALÓ. Así se suele pronunciar en España el vocablo inglés *bungalow*.

CALI (Ciudad colombiana). Es palabra llana.

CALIOPE o Calíope. Pero es más usual la segunda forma.

CANTIGA o cántiga. Pero es más usual la primera forma.

CARÁCTER. Atención al plural: *caracteres*, no *carácteres*.

CARTEL. Es palabra aguda, incluso cuando se usa para significar «convenio entre empresas».

CATULO. El nombre de este poeta latino es palabra llana: [katúlo], no [kátulo].

CELTIBERO o celtíbero. Preferible la segunda forma.

CENIT. Es palabra aguda: [cenít].

CINC. Se pronuncia [cink]. También puede escribirse zinc.

CISTER. La pronunciación más extendida es Císter, aunque la Academia prefiere Cister, como palabra aguda.

CONCLAVE o cónclave.

CONCRECIÓN. Es incorrecta la pronunciación [koncrekción].

CONTRICIÓN. No *contricción*.

CONVICCIÓN. Evítese la pronunciación [kombizión] o [kombinzión].

CÓNYUGE. No *cónyugue*.

COÑAC. Es preferible a coñá.

CUADRIGA. Es palabra llana. No se pronuncia *cuádriga*.

DANZIG. Debe evitarse la pronunciación [dánzing].

DEMONIACO o demoníaco. La Academia prefiere la segunda forma.

DENTÍFRICO. No *dentrífico*.

DIABETES. No *diabetis*.

DIGRESIÓN. No *disgresión*.

DINAMO o dínamo. Preferible la primera forma.

DISCRECIÓN. No *discrección*.

ÉFESO. Es palabra esdrújula.

ELECTRÓLISIS. No *electrolisis*.

ELITE. No *élite*.

ELIXIR o elíxir. Preferible la pronunciación aguda.

ENCLENQUE. No *enquencle*.

EPIGLOTIS. Es palabra llana.

ERUCTO. No *erupto*, ni *eruto*.

ESPÉCIMEN. Es palabra esdrújula. Plural, especímenes.

EXEGETA. Es palabra llana, aunque algunos la usan como esdrújula.

FACSÍMIL. No [fazsímil] ni [faszímil]. Su *c* suena *k*.

FÓRCEPS. No [fórzes].

FRIEGAPLATOS. No *fregaplatos*.

HACHÍS. Se pronuncia [achís], no [jachís], ni [jáchis].

HECTOLITRO. Es palabra llana.

HECTÓMETRO. Es palabra esdrújula.

HELSINKI. En español es palabra llana: [helsínki]. Puede pronunciarse con o sin *h* aspirada.

HEMIPLEGIA o hemiplegía.

HERÓDOTO. Es palabra esdrújula.

HÍSPALIS. Es palabra esdrújula.

HOMILÍA. Lleva acentuada la segunda *i*.

IBERO o íbero.
ILIADA o Ilíada.
INFALIBILIDAD. No *infabilidad*.
ÍNFULAS. No *ínsulas*.
INTERCESIÓN. (De *interceder*) no debe confundirse con intersección («punto común a dos líneas que se cortan»).
ISÓBARA. Es palabra esdrújula.

JEEP. Se pronuncia [yip].
JERIGONZA. No *jeringonza*.
JUNIOR. Pronúnciese [yúnior]. Plural: juniores [yunióres].

LIBIDO. Es palabra llana, y del género femenino.
LISZT. El nombre de este compositor se pronuncia [list].

MANIACO o maníaco. Preferible la forma esdrújula.
MEDULA o médula. Es más frecuente la forma esdrújula.
MELQUIADES. No *Melquíades*.
METAMORFOSIS. Es palabra llana.
METEOROLOGÍA. No *metereología*, ni *meterología*. La palabra se deriva de *meteoro*.
MISIL o mísil.
MONDARIZ. Es palabra aguda.
MÚNICH. Suele pronunciarse [múnik]. Es también admisible la pronunciación [múnich].

NOBEL. El nombre de este premio es palabra aguda: [nobél].

OAXACA. El nombre de esta ciudad mexicana se pronuncia [oajaka].
OBJECIÓN. No *objección*.
OBOE. Es palabra llana: [obóe].
OCÉANO. No *oceáno*, y menos *occéano*.
OFFICE. Se suele pronunciar [ófis].
OLIMPIADA u olimpíada.
OMOPLATO u omóplato. Es preferible la forma esdrújula.

PABILO o pábilo. Preferible la primera forma.
PARADISIACO o paradisíaco. Preferible la segunda forma.

PEKÍN. No *Beijing*, forma propuesta por el sistema pinyín.

PERIFERIA. No *perifer*í*a*.

POLICROMO o polícromo. Preferible la primera forma.

POLIGLOTA o políglota. La más usada es la segunda forma.

PRÍSTINO. Es palabra esdrújula. No debe pronunciarse como llana.

RAIL o raíl. Debe preferirse la segunda forma.

RAVENA o Rávena. Preferible la acentuación llana, que coincide con la del nombre italiano de esta ciudad.

RESCISIÓN. Evítese la pronunciación [rescinsión].

RESTRICCIÓN. Evítese la pronunciación [restrinción].

REUMA o reúma. Preferible la acentuación [réuma] de esta palabra, que es del género masculino.

RUBÉOLA. Es palabra esdrújula.

SAH. Se pronuncia [Sá].

SÁHARA. Es palabra esdrújula, y suele aspirarse la *h*.

SENDER. El apellido de este escritor se acentúa [sendér], no Sénder.

SOMALIA. Se acentúa [somália], no [somalía].

SOVIET. Es palabra aguda, aunque con frecuencia se oye [sóbiet].

SUITE. Se pronuncia [suit].

SUTIL. Es palabra aguda.

SWAHILI. Se pronuncia [suajili].

TERMOSTATO o termóstato. Es más frecuente la acentuación llana.

TESITURA. Con *s*, no [teksitúra].

TEXANO. Pronúnciese [tejáno].

TÍBET. Es palabra llana. No debe escribirse *Tibet* (sin tilde en la *i*), ni pronunciarse como aguda.

TOISÓN. Se pronuncia como se escribe; no [tuasón].

TOURNÉE. Se pronuncia [turné].

TREINTA Y UNO. No *treintiuno*, que resulta vulgar.

VEINTIUNO. Evítense las pronunciaciones vulgares [bentiuno] y [bintiuno].

WATERPOLO. Pronúnciese [uóter-polo].

WESTERN. Su pronunciación aproximada es [uéstern].

WOLFGANG. Se pronuncia [vólfgang], no [guólfan].

WOTAN. Se pronuncia [vótan], con *v* francesa.

SIGLAS Y ACRÓNIMOS

En general, ha de evitarse el uso de siglas y acrónimos. Sólo está justificado el empleo de las ya incorporadas al lenguaje común: *Renfe*, *Seat*, *Cesedén*, *ATS*... Si, pese a todo, se incluye alguna sigla o abreviatura en el texto, será inexcusable añadir su significado: *OPEP* (Organización de Países Exportadores de Petróleo), *Enagás* (Empresa Nacional del Gas).

Si la sigla extranjera tiene otra equivalente en español, debe emplearse esta última: FMI (Fondo Monetario Internacional), en lugar de IMF (International Monetary Fund); ONU (Organización de las Naciones Unidas), en lugar de UNO (United Nations Organization).

El género de siglas y acrónimos es el correspondiente al primer sustantivo de su enunciado: *la OPEP*, *la OMS* (Organización Mundial de la Salud), *el BOE* (Boletín Oficial del Estado).

Incluimos una selección de siglas y acrónimos usuales.

AA. Average Audience (Promedio de audiencia).

AAF. American Air Force (Fuerza Aérea Estadounidense).

AAM. Air-to-air-missile (Misil aire-aire).

ABC. American Broadcasting Corporation. Cadena de televisión estadounidense, fundada en 1943; con sede en Nueva York.

ABM. Anti-ballistic missile (Misil antibalístico).

ACE. Allied Command Europe (Mando Aliado en Europa, de la OTAN).

ACLANT. Allied Command Atlantic (Mando Aliado para el Atlántico, de la OTAN).

ACLI. Associazione Cristiana dei Laboratori Italiani (Asociación Cristiana de los Trabajadores Italianos).

ACNO. Advisory Commitee of National Organizations (Comité Consultivo de las Organizaciones Nacionales) Organismo que se encarga de la financiación federal de la radiotelevisión pública en Estados Unidos.

ACNUR. Alta Comisaría de las Naciones Unidas para los Refugiados.

ACP. Asociación Católica de Propagandistas.

ADECU. Asociación para la Defensa de los Consumidores y Usuarios.

ADELPHA. Asociación para la Defensa Ecológica y del Patrimonio Histórico-Artístico.

ADENA. Asociación para la Defensa de la Naturaleza.

ADN. Ácido desoxirribonucleico. Véase *DNA*.

A 2. Antenne 2. Cadena de televisión francesa, que surgió de la desmembración de la ORTF.

AEB. Asociación Española de Banca Privada.

AEC. Atomic Energy Commission (Comisión de Energía Atómica).

AEDE. Asociación de Editores de Diarios Españoles.

AEDENAT. Asociación Ecologista de Defensa de la Naturaleza.

AEE. Administración Espacial Europea.

AEMA. Asociación Española de Medios Audiovisuales.

AEORMA. Asociación Española para la Ordenación del Medio Ambiente.

AES. Acuerdo Económico y Social.

AFC. Automatic Frequency Control (Control Automático de Frecuencias).

AFHQ. Allied Forces Headquarter (Cuartel General de las Fuerzas Aliadas).

AFL-CIO. American Federation of Labor and Congress of Industrial Organizations. Sindicato estadounidense.

AFP. Agence France Presse (Agencia de Prensa de Francia).

AGIP. Azienda Generale Italiana Petroli (Empresa General Italiana de Petróleos).

AI. Amnesty International (Amnistía Internacional).

AICBM. Anti-Intercontinental Ballistic Missile (Antimisil intercontinental).

AID. Agency for International Development (Agencia para el Desarrollo Internacional).

AIDS. Acquired Immune Deficiency Syndrome (Síndrome de Inmunodeficiencia Adquirida. SIDA).

AIEA. Agence Internationale de l'Energie Atomique. Véase *IAEA*.

AISS. Asociación Internacional de la Seguridad Social.

ALALC. Asociación Latinoamericana de Libre Comercio.

ANA. Arab News Agency (Agencia de Noticias Árabe).

ANAFE. Asociación Nacional de Árbitros de Fútbol Españoles.

ANPE. Asociación Nacional de Profesorado Estatal de EGB.

ARDE. Acción Republicana Democrática Española.

ASEAN. Association of South East Asian Nations (Asociación de Naciones del Sudeste Asiático).

ASTANO. Astilleros y Talleres del Noroeste.

ATS. Ayudante técnico sanitario.

AVE. Alta Velocidad Española.

AVIACO. Aviación y Comercio.

AVIANCA. Aerovías Nacionales de Colombia.
AWACS. Airborne Warning and Control System (Sistema de Alerta y Control Aerotransportado).

BA. British Airways (Líneas Aéreas Británicas).
BANDESCO. Banco de Desarrollo Económico Español.
BANESTO. Banco Español de Crédito.
BANKIBER. Banco Ibérico.
BANKUNIÓN. Unión Industrial Bancaria.
BBC. British Broadcasting Corporation (Corporación Británica de Radiodifusión).
BBV. Banco Bilbao-Vizcaya.
BC. Before Christ (Antes de Cristo).
BCH. Banco Central Hispanoamericano.
BCI. Banco de Crédito Industrial.
BID. Banco Interamericano de Desarrollo.
BIRD. Banque Internationale pour la Reconstruction et le Développement (Banco Internacional para la Reconstrucción y el Desarrollo).
BMW. Bayerische Motorenwerke (Fábricas bávaras de motores).
BNG. Bloque Nacionalista Galego.
BUP. Bachillerato Unificado Polivalente.

CADESBANK. Banco Catalán de Desarrollo.
CAMPSA. Compañía Arrendataria del Monopolio de Petróleos, S. A.
CASA. Construcciones Aeronáuticas, S. A.
CAT. Comisaría de Abastecimientos y Transportes. Compañía Arrendataria de Tabacos.
CBS. Columbia Broadcasting System.
CC TV. Closed Circuit Television (Televisión por Circuito Cerrado).
CDS. Centro Democrático y Social.
CDU. Christlich-Demokratische Union (Unión Cristiano-Demócrata).
CE. Comunidad Europea.
CECA. Comunidad Europea del Carbón y del Acero. Confederación Española de Cajas de Ahorro.
CEI. Comunidad de Estados Independientes (Formada por 11 repúblicas de la antigua Unión Soviética).
CEMT. Conferencia Europea de Ministros de Transportes.
CEOE. Confederación Española de Organizaciones Empresariales.

CEPAL. Comisión Económica para América Latina.

CEPSA. Compañía Española de Petróleos, S. A.

CEPYME. Confederación Española de la Pequeña y Mediana Empresa.

CERN. Conseil Européen pour la Recherche Nucléaire (Consejo Europeo para la Investigación Nuclear).

CESC. Conferencia Europea de Seguridad y Cooperación.

CESEDÉN. Centro Superior de la Defensa Nacional.

CESID. Centro Superior de Investigación de la Defensa.

CETME. Centro de Estudios Técnicos de Materiales Especiales.

CGT. Confédération Générale du Travail (Confederación General del Trabajo).

CIA. Central Intelligence Service (Agencia Central de Inteligencia).

CIOSL. Confederación Internacional de Organizaciones Sindicales Libres.

CIR. Centro de Instrucción de Reclutas.

CIU. Convergència i Unió.

CNT. Confederación Nacional del Trabajo.

COE. Comité Olímpico Español. Consejo Ecuménico de las Iglesias.

COI. Comité Olímpico Internacional.

COMSAT. Communications Satellite Corporation.

CONFER. Confederación Española de Religiosos.

COPE. Cadena de Ondas Populares Españolas.

COU. Curso de Orientación Universitaria.

CSIC. Consejo Superior de Investigaciones Científicas.

CSJM. Consejo Supremo de Justicia Militar.

CSN. Consejo de Seguridad Nuclear.

CSU. Christliche Soziale Union (Unión Social Cristiana).

CTNE. Compañía Telefónica Nacional de España.

DC. District of Columbia (Distrito de Columbia) EE.UU.

DEG. Derechos Especiales de Giro.

DF. Distrito Federal.

DIU. Dispositivo Intrauterino.

DM. Deutsche Mark (Marco alemán).

DNA. Desoxyribonucleic Acid (Ácido desoxirribonucleico).

DNI. Documento Nacional de Identidad.

DOMUND. Domingo Mundial de la Propagación de la Fe.

DPA. Deutsche Presse Agentur (Agencia de Prensa Alemana).

DSE. Dirección de la Seguridad del Estado.

EA. Eusko Alkartasuna (Solidaridad Vasca).

EAU. Emiratos Árabes Unidos.

EBB. Euskadi Buru Batzar (Comisión ejecutiva del PNV).

EBU. Unión Europea de Boxeo.

EC. Esquerra de Catalunya (Izquierda de Cataluña).

ECOSOC. Economic and Social Council (Consejo Económico y Social). ONU.

ECU. European Currency Unit (Unidad de cuenta europea).

EE. Euskadiko Ezkerra (Izquierda de Euskadi).

EE.UU. Estados Unidos de América.

EFTA. European Free Trade Association (Asociación Europea de Libre Comercio).

EGB. Educación General Básica.

ELA-STV. Eusko Langille Alkartasuna (Solidaridad de Trabajadores Vascos).

EMT. Empresa Municipal de Transportes (Madrid).

ENAGAS. Empresa Nacional del Gas.

ENASA. Empresa Nacional de Autocamiones.

ENDASA. Empresa Nacional del Aluminio.

ENDESA. Empresa Nacional de Electricidad.

ENSIDESA. Empresa Nacional Siderúrgica.

ERT. Explosivos Río Tinto.

ESA. European Space Agency (Agencia Espacial Europea).

ETA. Euskadi ta Askatasuna (País Vasco y Libertad).

ETB. Euskal Telebista.

EURATOM. Comunidad europea de la energía atómica.

EUROVISION. Unión Europea de Radiodifusión.

EXIMBANK. Export-Import Bank of Washington.

FACA. Futuro avión de combate y ataque.

FAI. Federación Anarquista Ibérica.

FAO. Food and Agriculture Organization (Organización para la Agricultura y la Alimentación) Naciones Unidas.

FBI. Federal Bureau of Investigation (Oficina Federal de Investigación).

FECSA. Fuerzas Eléctricas de Cataluña, S. A.

FED. Fondo Europeo de Desarrollo.

FE-JONS. Falange Española de las JONS (Juntas de Ofensiva Nacional Sindicalistas).

FENOSA. Fuerzas Eléctricas del Noroeste, S. A.

FEVE. Ferrocarriles de Vía Estrecha.

FIAT. Fabbrica Italiana Automobili Torino.

FIBA. Fédération Internationale de Basketball Amateur.

FIFA. Fédération Internationale de Football Association.

FM. Frecuencia Modulada.

FMI. Fondo Monetario Internacional (En inglés, IFM: International Monetary Fund).

FNLA. Frente Nacional de Liberación de Angola.

FORPPA. Fondo de Ordenación y Regulación de Precios y Productos Agrarios.

FRELIMO. Frente de Liberación de Mozambique.

FSM. Federación Socialista Madrileña.

GAL. Grupos Antiterroristas de Liberación.

GATT. General Agreement on Tariffs and Trade (Acuerdo General sobre Aranceles Aduaneros y Comercio).

GEO. Grupos Especiales de Operaciones (Policía Nacional).

GESTAPO. Geheime Staatspolizei (Policía Secreta, del Estado nazi).

GM. General Motors Corporation.

GMT. Greenwich Meridian Time (Hora del Meridiano de Greenwich).

GRAPO. Grupos de Resistencia Antifascista Primero de Octubre.

GULAG. Glavnoie Uptavlenie Laguerei. (Administración General de Campos de Concentración, en la antigua URSS).

HB. Herri Batasuna (Unidad Popular).

HF. High Frequency (Alta Frecuencia).

HI-FI. High Fidelity (Alta Fidelidad).

HQ. Headquarters (Cuartel General).

HUNOSA. Empresa Nacional Hullera del Norte, S. A.

IAEA. International Atomic Energy Agency (Organismo Internacional para la Energía Atómica. Naciones Unidas. Siglas españolas: OIEA).

IATA. International Air Transport Association.

IB. Iberia. Líneas Aéreas de España.

IBM. International Business Machines.

ICADE. Instituto Católico de Alta Dirección de Empresas.

ICAI. Instituto Católico de Artes e Industrias.

ICO. Instituto de Crédito Oficial.

ICONA. Instituto Nacional para la Conservación de la Naturaleza.

IEE. Instituto Español de Emigración.
IESE. Instituto de Estudios Superiores de la Empresa.
INDUBÁN. Banco de Financiación Industrial.
INEM. Instituto Nacional de Empleo.
INI. Instituto Nacional de Industria.
INLE. Instituto Nacional del Libro Español.
INSALUD. Instituto Nacional de la Salud.
INSERSO. Instituto Nacional de Servicios Sociales.
INTA. Instituto Nacional de Técnica Aerospacial.
INTELSAT. International Telecommunications Satellite.
INTERPOL. International Criminal Police Organization.
IORTV. Instituto Oficial de Radiodifusión y Televisión.
IPC. Índice de Precios al Consumo.
IPS. Inter Press Service.
IRA. Irish Republican Army (Ejército Republicano Irlandés).
IRYDA. Instituto para la Reforma y el Desarrollo Agrario.
ISBN. International Standard Book Number (Número Internacional
    Uniforme para los Libros).
ITT. International Telegraph and Telephone Corporation.
ITV. Independent Television.
IVA. Impuesto sobre el Valor Añadido.

JAL. Japan Air Lines.
JEN. Junta de Energía Nuclear.
JUJEM. Junta de Jefes de Estado Mayor.

KAS. Komité Abertzale Sozialista.
KLM. Líneas Aéreas de los Países Bajos.

LASER. Light Amplification by Stimulated Emission of Radiation
    (Luz amplificada por la emisión estimulada de radiación).
LMT. Local mean time (Hora media local).
LOAPA. Ley Orgánica de Armonización del Proceso Autonómico.
LODE. Ley Orgánica del Derecho a la Educación.
LOGSE. Ley de Ordenación General del Sistema Educativo.
LSD. Dietilamida del ácido lisérgico.

MC. Mercado Común.
MERCASA. Mercados Centrales de Abastecimientos, S. A.
MIR. Médico Interno y Residente.

MODEM. Modulator-Demodulator.
MOMA. Museum of Modern Art (Museo de Arte Moderno, NY).
MOPU. Ministerio de Obras Públicas y Urbanismo.
MPAIAC. Movimiento para la Autodeterminación y la Independencia del Archipiélago Canario.
MPH. Miles per hour (Millas por hora).
MUFACE. Mutualidad General de Funcionarios Civiles del Estado.

NAPALM. Naphtenic Acid and Palmetate (Sustancia incendiaria empleada en la fabricación de bombas).
NASA. National Aeronautics and Space Administration (Administración Nacional de Aeronáutica y del Espacio, EE.UU.).
NBA. National Basket Association.
NBC. National Broadcasting Corporation.
NSC. National Security Council (Consejo Nacional de Seguridad, EE.UU).
NYT. The New York Times.

OACI. Organisation de l'Aviation Civile Internationale.
OCDE. Organización para la Cooperación y el Desarrollo Económico.
OCU. Organización de Consumidores y Usuarios.
OEA. Organización de Estados Americanos.
OID. Oficina de Información Diplomática.
OIT. Organización Internacional del Trabajo.
OJD. Oficina de Justificación de la Difusión.
OLP. Organización para la Liberación de Palestina.
ONCE. Organización Nacional de Ciegos Españoles.
ONU. Organización de las Naciones Unidas.
OPA. Oferta Pública de Adquisición (de acciones).
OPAEP. Organización de los Países Árabes Exportadores de Petróleo.
OPEP. Organización de Países Exportadores de Petróleo (En inglés, OPEC).
ORA. Operación de Regulación de Aparcamientos (Madrid).
OTAN. Organización del Tratado del Atlántico Norte.
OTI. Organización de Televisiones Iberoamericanas.
OUA. Organización para la Unidad Africana.
OVNI. Objeto Volante no Identificado.

PAL. Phase Alternating Line (Línea de fase alternante).

PCE. Partido Comunista de España.

PEMEX. Petróleos Mexicanos.

PEN. Plan Energético Nacional.

PIB. Producto Interior Bruto.

PM. Policía Militar.

PNB. Producto Nacional Bruto.

PNN. Profesor No Numerario.

PNV. Partido Nacionalista Vasco.

POW. Prisoner of War (Prisionero de guerra).

PP. Partido Popular.

PSC. Partit dels Socialistes de Catalunya.

PSF. Partido Socialista francés.

PSOE. Partido Socialista Obrero Español.

PSUC. Partit Socialista Unificat de Catalunya.

RACE. Real Automóvil Club de España.

RAE. Real Academia Española.

RAF. Royal Air Force (Fuerzas Aéreas británicas).

RASD. República Árabe Saharaui Democrática.

RENFE. Red Nacional de Ferrocarriles Españoles.

RETEVISION. Red Técnica Española de Televisión.

RNE. Radio Nacional de España.

RPR. Rassemblement pour la République (Unión para la República).

RTVE. Radio Televisión Española.

SA. Sociedad Anónima.

SABENA. Société Anonyme Belge d'Explotation de la Navigation Aérienne (Líneas aéreas belgas).

SAC. Strategic Air Command (Mando Aéreo Estratégico, EE.UU.).

SACEUR. Supreme Allied Commander Europe (Comandante Supremo Aliado en Europa, OTAN).

SALT. Strategic Arms Limitation Talks (Conversaciones para la limitación de las armas estratégicas).

SAM. Surface-to-air missile (Misil tierra-aire).

SANA. Syrian Arab National Agency (Agencia Árabe Nacional Siria).

SAR. Servicio aéreo de rescate.

SAS. Scandinavian Airlines System.

SEAT. Sociedad Española de Automóviles de Turismo.

SECAM. Séquentiel Couleur à Mémoire (Color secuencial de memoria). Sistema francés de televisión en color.

SEM. Servicio Español del Magisterio.

SENPA. Servicio Nacional de Productos Agrarios.

SER. Sociedad Española de Radiodifusión.

SGAE. Sociedad General de Autores de España.

SIDA. Síndrome de Inmunodeficiencia Adquirida.

SIMO. Salón Informativo de Material de Oficina.

SJ. Societatis Jesu (De la Compañía de Jesús).

SL. Sociedad Limitada.

S.M. Su Majestad.

SME. Sistema Monetario Europeo.

SMI. Sistema Monetario Internacional.

SNCF. Société Nationale des Chemins de Fer Français (Sociedad Nacional de los Ferrocarriles Franceses).

SOC. Sindicato de Obreros del Campo. Sindicato Obrero Canario.

SONAR. Sound Navigation Ranging (Detección submarina mediante ondas sonoras).

SPD. Sozialdemokratische Partei Deutschlands (Partido socialdemócrata de Alemania).

TALGO. Tren Articulado Ligero Goicoechea-Oriol.

TAP. Transportes Aéreos Portugueses.

TASS. Telegrafnoe Aguenstvo Sovietskoie Soiutsa (Agencia Telegráfica de la Unión Soviética). Antigua agencia de prensa del anterior Estado.

TAV. Tren de alta velocidad. Véase *AVE*.

TER. Tren Español Rápido.

TIJ. Tribunal Internacional de Justicia (Tribunal de La Haya).

TIR. Transport International Routier (Transporte Internacional por carretera).

TNT. Trinitrotolueno.

TVE. Televisión Española.

TV3. Televisió de Catalunya (tercer canal).

TWA. Trans World Airlines (Líneas aéreas de EE.UU.).

UEFA. Union of European Football Associations (Unión de Asociaciones Europeas de Fútbol).

UER. Union Européenne de Radiodiffusion (Unión Europea de Radiodifusión).

UGT. Unión General de Trabajadores.

UHF. Ultra High Frequencies (Frecuencias Ultra Altas).

UIMP. Universidad Internacional Menéndez y Pelayo.

UK. United Kingdom (Reino Unido).

UNED. Universidad de Educación a Distancia.

UNESCO. United Nations Educational, Scientific and Cultural Organization (Organización de las Naciones Unidas para la Educación, la Ciencia y la Cultura).

UNICEF. United Nations International Children's Emergency Fund (Fondo Internacional de las Naciones Unidas para la Ayuda a la Infancia).

UNITA. União Nacional para a Independéncia Total de Angola.

UPG. Union do Povo Galego.

UPN. Unión del Pueblo Navarro.

US. United States.

USA. United States of America.

USO. Unión Sindical Obrera.

UVA. Unidad Vecinal de Absorción.

UVI. Unidad de Vigilancia Intensiva.

VHF. Very High Frequencies (Muy altas frecuencias).

VIASA. Venezolana Internacional de Aviación, S. A.

VIP. Very Important Person (Persona muy importante).

VTR. Videotape Recording (Grabación en cinta de vídeo).

WASP. White, Anglo-Saxon, Protestant (Blanco, anglosajón, protestante).

WET. Western Europe Time (Hora de Europa Occidental).

WHO. World Health Organization (Organización Mundial de la Salud. OMS).

ZANU. Zimbabwe African National Union (Unión Nacional Africana de Zimbabue).

TÉRMINOS GEOGRÁFICOS

- GENTILICIOS

Reunimos en la lista que sigue los gentilicios nacionales y extranjeros que consideramos de uso más frecuente. En los casos en que se admiten varios gentilicios, seleccionamos uno de ellos.

AFGANISTÁN. Afgano
ALASKA. Alasqueño
ALBANIA. Albanés
ALCALÁ DE HENARES. Alcalaíno
ALGARVE. Algarveño.
ALMUÑÉCAR. Almuñequero.
ALTO VOLTA (Burkina Faso). Voltense
AMBERES. Amberiense
AMMÁN. Ammonita
AMSTERDAM. Amsterdamés
ÁNGELES, Los. Angelino
ANGOLA. Angoleño
ANKARA. Ancirense
ANTIOQUÍA. Antioqueño
AQUISGRÁN. Aquisgranense
ARABIA SAUDÍ. Saudí
ARANJUEZ. Ribereño
ASTORGA. Astorgano
ASUNCIÓN. Asunceno
AUSTRALIA. Australiano
ÁVILA. Abulense
AZERBAIYÁN. Azerbaiyano

BADAJOZ. Pacense
BAGDAD. Bagdadí
BAHAMAS. Bahameño
BAHREIN. Bahreiní
BANGLADESH. Bengalí
BARBASTRO. Barbastrense
BARBATE. Barbateño
BASILEA. Basilense
BELGRADO. Belgradense
BENIN (Dahomey). Beninés
BIARRITZ. Biarrota
BIRMANIA. Birmano
BONN. Bonense
BOSNIA. Bosnio
BOTSUANA (Bechuanalandia). Botsuano
BRASILIA. Brasiliense
BRETAÑA. Bretón

BUENOS AIRES. Bonaerense
BURDEOS. Bordelés
BURUNDI. Burundés

CALAHORRA. Calagurritano
CALATAYUD. Bilbilitano
CAMBOYA. Camboyano
CAMBRIDGE. Cantabrigense
CAPRI. Capriota
CAROLINA, La. Carolinense
CASPE. Caspolino
CERDEÑA. Sardo
CEUTA. Ceutí
CIUDAD REAL. Ciudadrealeño
CIUDAD RODRIGO. Rodericense
COBLENZA. Coblencés
COIMBRA. Conimbricense
COLMENAR DE OREJA. Colmenarete
COLMENAR VIEJO. Colmenareño
COMORES, islas. Comoriense
COPENHAGUE. Codano
CÓRDOBA. Cordobés
CRIMEA. Crimeano
CUENCA. Conquense
CULLERA. Cullerense
CURAÇAO. Curasoleño
CUZCO. Cuzqueño

CHAD. Chadiano
CHAMPAGNE. Champañés
CHERBURGO. Cherburgués
CHESTER. Cestriano

DAMASCO. Damasceno
DINAMARCA. Danés
DURANGO. Durangués
DÜSSELDORF. Dusseldorfés

ÉCIJA. Ecijano
ELBA. Ilvense

ELCHE. Ilicitano
EL SALVADOR. Salvadoreño
ESTOCOLMO. Estocolmés
ESTRASBURGO. Estrasburgués

FERNANCABALLERO. Fernanduco
FEZ. Fasi
FILADELFIA. Filadelfino
FINLANDIA. Finlandés
FIYI, islas. Fiyiano
FONTIBRE. Juliobrigense
FORMOSA (isla). Formosano
FRANCFORT. Francfortés
FUENCARRAL. Fuencarralero

GABÓN. Gabonense
GAMBIA. Gambiense
GAZA. Gazense
GHANA. Ghanés
GINEBRA. Ginebrino
GLASGOW. Glasgowiense
GRANADA. Granadino
GUADALAJARA (España). Guadalajareño
GUADALAJARA (México). Guadalajarense
GUADALUPE (Cáceres). Guadalupeño
GUADALUPE (México). Guadalupano
GUARDIA, La (Pontevedra). Guardés
GUARDIA, La (Toledo). Guardiolo
GUINEA. Guineo

HAYA, La. Hayense
HELSINKI. Helsinguino
HIERRO (isla). Herreño
HONG-KONG. Hongkonense
HUELVA. Onubense
HUESCA. Oscense
HUÉSCAR. Oscense

INDIA. Indio
IRAK. Iraquí

134

IRÁN. Iraní
ISRAEL. Israelí

JACA. Jacense
JAMAICA. Jamaicano
JAPÓN. Japonés
JARTUM. Jartumita
JÁTIVA. Jativés
JERUSALÉN. Jerosolimitano

KATMANDÚ. Jatamansino
KENIA. Keniano
KURDISTÁN. Kurdo
KURILES, islas. Kuriliense
KUWAIT. Kuwaití

LAGOS. Lagosense
LAOS. Laosiano
LARACHE. Lisense
LAUSANA. Lausanés
LEBRIJA. Lebrijano
LEIPZIG. Lipsiense
LEÓN. Leonés
LÉRIDA. Leridano
LESOTO (Basutolandia). Basuto
LIBERIA. Liberiano
LIECHTENSTEIN. Liechtenstiano
LIEJA. Liejense
LILA. Lilense
LÍNEA, La. Linense
LISBOA. Lisboeta
LOGROÑO. Logroñés
LORCA. Lorquino
LUGO. Lucense
LYON. Lionés

MACAO. Macaense
MADEIRA, islas. Maderiense
MADRID. Madrileño
MAGREB, El. Magrebí

MAHÓN. Mahonense
MÁLAGA. Malagueño
MÓNACO. Monegasco
MONGOLIA. Mongol
MOZAMBIQUE. Mozambiqueño

NAMIBIA. Namibiano
NÁPOLES. Napolitano
NEPAL. Nepalí
NÍGER. Nigeriense
NIGERIA. Nigeriano
NIMEGA. Nimegense
NIZA. Nicense
NUEVA CALEDONIA. Neocaledonio
NUEVA GUINEA. Neoguineano
NUEVA YORK. Neoyorquino

OAXACA. Zapoteca
OCAÑA. Ocañense
OLOT. Olotense
OMÁN. Omaní
OPORTO. Portuense
ORENSE. Orensano
ORIHUELA. Oriolano
OSLO. Osloense
OTTAWA. Ottaués
OXFORD. Oxfordiano

PAÍS DE GALES. Cambrense
PAKISTÁN. Paquistaní
PALMA, La. Palmero
PALMA DE MALLORCA. Palmesano
PALMAS, Las. Palmense
PALOS DE MOGUER. Palense
PAMPLONA. Pamplonés
PARÍS. Parisiense
PEQUÍN. Pequinés
PERÚ. Peruano
PONFERRADA. Ponferradino
POTES. Lebaniego

PUERTO RICO. Puertorriqueño
PUNYAB. Punyabí

QATAR. Qatarí
QUEBEC. Quebequés
QUINTANAR DE LA ORDEN. Quitanareño

REINOSA. Reinosano
RENTERÍA. Renteriano
REUS. Reusense
RÍAS BAJAS. Meiriño
RÍO DE JANEIRO. Carioca
ROSARIO. Rosarino
ROSAS. Rodense

SAHARA. Sahariano
SAINT-TROPEZ. Tropeciense
SALAMANCA. Salmantino
SALZBURGO. Salzburgués
SAMOA, islas. Samoano
SAN CARLOS DE LA RÁPITA. Rapitense
SAN JUAN DE LUZ. Luciense
SAN MARINO. Sanmarinés
SANTA CRUZ DE LA PALMA. Palmero
SANTA CRUZ DE TENERIFE. Tinerfeño
SANTIAGO DE COMPOSTELA. Santiagués
SANTIAGO DE CUBA. Santiaguero
SANTIAGO DE CHILE. Santiaguino
SANTILLANA DEL MAR. Sanjulianense
SANTO DOMINGO. Dominicano
SANTO DOMINGO DE LA CALZADA. Calceatense
SANTO DOMINGO DE SILOS. Silense
SÃO PAULO. Paulista
SENEGAL. Senegalés
SEÚL. Seulés
SEVILLA. Sevillano
SIGÜENZA. Segonciense
SIMANCAS. Simanquino
SINGAPUR. Singapurés
SITGES. Sigetano

SOMALIA. Somalí
SOWETO. Sowetano
SRI LANKA. Ceilandés
SUAZILANDIA. Suazili
SUIZA. Suizo

TALAVERA DE LA REINA. Talabricense
TÁNGER. Tangerino
TANZANIA. Tanzano
TARIFA. Tarifeño
TARRAGONA. Tarraconense
TERUEL. Turolense
TOGO. Togolés
TORO. Toresano
TRÍPOLI. Tripolitano
TUBINGA. Tubingués

UCRANIA. Ucraniano
ULSTER. Ultoniano
UZBEKISTÁN. Uzbego

VALSAÍN. Valisabinense
VALLADOLID. Vallisoletano
VARSOVIA. Varsoviano
VENECIA. Veneciano
VERONA. Veronés
VITORIA. Vitoriano
VIZCAYA. Vizcaíno

WASHINGTON. Washingtoniano
WINCHESTER. Vinoviense
WINDSOR. Vindoniense

YEMEN. Yemení
YIBUTI. Yibutiense

ZAIRE. Zaireño
ZAMBIA. Zambeño
ZIMBABUE. Zimbabuo
ZURICH. Tigurino

- TOPÓNIMOS

Se debe luchar contra la censurable tendencia a usar los nombres geográficos en versión extranjera, en lugar de la española.

Versión extranjera	Versión española
Aachen	Aquisgrán
Aaiun, el	Aaiún, el
Abidjan	Abiyán
Abu Dhabi	Abu Dabi
Al Hoceima	Alhucemas
Antakia	Antioquía
Antwerpen	Amberes
Auvergne	Auvernia
Avignon	Aviñón
Azerbaidjan	Azerbaiyán
Baghdad	Bagdad
Bahrain	Bahrein
Bay of Biscay	Golfo de Vizcaya
Bern	Berna
Bhutan	Bután
Bologna	Bolonia
Bophuthatswana	Bofuzatsuana
Bordeaux	Burdeos
Botswana	Botsuana
Bujdur	Cabo Bojador
Bujumbura	Buyumbura
Burma	Birmania
Canterbury	Cantorbery
Cape Town	Ciudad del Cabo
Collioure	Colliure
Corcyre	Corfú
Cornwall	Cornualles
Dar el Beida	Casablanca
Den Haag	La Haya
Djibuti	Yibuti
Dwina	Duina

Versión extranjera	Versión española
Eire	Irlanda
Esaouira	Mogador
Falkland Islands	Islas Malvinas
Fidji	Fiyi
Firat	Eufrates
Firenze	Florencia
Frankfurt	Fráncfort
Freiburg	Friburgo
Gand, Gent	Gante
Genève	Ginebra
Göteborg	Gotemburgo
Götingen	Gotinga
Grenade	Granada (isla)
Hessen	Hesse
Izmir	Esmirna
Khartoum	Jartum
Kashmir	Cachemira
Kilimandjaro	Kilimanyaro
Kirghizistan	Kirguizistán
Koblenz	Coblenza
Köln	Colonia
La Golette	La Goleta
·Latvia	Letonia
Lausanne	Lausana
La Valletta	La Valeta
Lesotho	Lesoto
Livorno	Liorna
Loire	Loira
Lorraine	Lorena
Louvain	Lovaina
Louisiana	Luisiana
Mainz	Maguncia
Malaysia	Malasia
Mantova	Mantua
Marrakesh	Marraquech

Versión extranjera	Versión española
Meknes	Mequínez
Mers el Kebir	Mazalquivir
Milano	Milán
Missouri	Misuri
München	Múnich
Nablús	Naplusa
Narbonne	Narbona
Ndjamena	Yamena
Newfoundland	Terranova
New Jersey	Nueva Jersey
New Orleans	Nueva Orleáns
Nürnberg	Nuremberg
Orkney	Orcadas (islas)
Ouagadogou	Uagadugú
Ouargla	Uargla
Ouarzazate	Uarzazat
Padova	Padua
Peruggia	Perusa
Punjab	Punyab
Regensburg	Ratisbona
Riyad	Riad
Rouen	Ruán
Sachsen	Sajonia
Saida	Sidón
Swaziland	Suazilandia
Thailand	Tailandia
Taipeh	Taipei
Tesalonique	Salónica
Torino	Turín
Trier	Tréveris
Tübingen	Tubinga
Vilnius	Vilna
Zimbabwe	Zimbabue

NOMBRE ACTUAL	NOMBRE ANTERIOR
Ankara (capital de Turquía)	Angora
Bangladesh (país asiático)	Pakistán Oriental
Banjul (capital de Zambia)	Bathurst
Belmopan (cap. de Belice)	Belice
Benin (país africano)	Dahomey
Bioko (isla de Guinea Ecuat.)	Fernando Poo
Botsuana (país africano)	Bechuanalandia
Burkina Fasso (p. africano)	Alto Volta
Dajla (ciudad del Sáhara)	Villa Cisneros
Dubrovnik (ciudad croata)	Ragusa
Camboya (nombre recuperado en 1989)	Kampuchea
Gdansk (ciudad polaca)	Dantzig
Ho-Chi-Minh (ciudad de Vietnam)	Saigón
Kinshasa (capital de Zaire)	Léopoldville
Lago Mobutu Sese Seco	Lago Alberto
Lesoto (país africano)	Basutolandia
Lubumbashi (ciudad de Zaire)	Elisabethville
Malawi (país africano)	Nyassalandia
República Centroafricana	Ubangui-Shari
Shaba (región de Zaire)	Katanga
Sri Lanka (país asiático)	Ceilán
Yamena (capital de Chad)	Fort Lamy

TÉRMINOS Y EXPRESIONES DE DEPORTE

En el lenguaje deportivo, existe la dificultad especial de la adaptación de términos extranjeros, casi todos procedentes del ámbito anglosajón, y de la incorporación de determinadas innovaciones, no siempre acertadas.

Debe recomendarse, de modo general, el empleo del término español equivalente (cuando existe) o de la traducción más correcta.

Habrá que extremar el cuidado en evitar las frecuentes incorrecciones de la construcción de la frase (que se observan sobre todo en las transmisiones deportivas), y en enriquecer las formas de expresión buscando fórmulas nuevas y eliminando las gastadas.

NOTA. En los ambientes deportivos se ha usado indebidamente la palabra inglesa *paralympic*, francesa *paralympique* y española *paralímpico*. Las tres son incorrectas, porque la a final de la preposición griega *para* desaparece ante vocal. Lo correcto en inglés es *parolympic*, en francés *parolympique*, y en español *parolímpico*.

1. Términos comunes a varios deportes

Versión extranjera	Versión recomendada
Antidoping, control	Antidopaje, control
Bookmaker	Corredor de apuestas
Coequipier	Compañero de equipo
Dribbling	Regate, finta
Fair Play	Juego limpio
Handicap	Obstáculo, dificultad (en hípica, compensación)
Junior	Juvenil (y, también, yúnior, en atletismo)
Leader	Líder
Manager	Gerente, agente, representante, empresario...
Match	Partido, encuentro, etc.
Mister	Preparador, entrenador
Open	Abierto
Performance	Rendimiento
Pressing	Presión, acoso
Ranking	Clasificación, ranquin
Record	Récord
Recordman/ Recordwoman	Plusmarquista
Score	Punta, tanto
Senior	Veterano
Sponsor	Patrocinador
Sprint	Aceleración final, esprint
Tournée	Gira

2. Atletismo

Versión extranjera	Versión recomendada
Cross-Country	Cross, campo a través
Jogging	Carrera ligera, corretear
Meeting	Mitin, reunión deportiva
Podium	Podio
Reprise	Aceleración
Slalom	Eslálom
Starter	Juez de salida
Steeple-Chase	Carrera de obstáculos

3. Baloncesto

Versión extranjera	Versión recomendada
Ball Handling	Manejo de balón
Basket, basketball	Baloncesto
Cheer Leaders	Animadoras
Guard	Escolta, número 2
Pivot	Pívot, pivo
Play Maker	Base
Play Off	Liguilla, eliminatoria

● FRASES INCORRECTAS

El equipo X GANA DE *cinco puntos*. Lo correcto es decir: *gana por cinco puntos*.

4. Boxeo

Versión extranjera	Versión recomendada
Break	Sepárense
Clinch	Agarrada, trabado
Crochet	Gancho, croché
Cross	Golpe cruzado
Gong	Gong, campana
Groggy	Grogui, vacilante
Jab	Golpe corto
Knock Out	Fuera de combate, nocáut

Versión extranjera	Versión recomendada
Punch	Pegada
Punching Ball	Balón de entrenamiento
Ring	Cuadrilátero, ring
Ringside	Silla de ring
Round	Asalto
Sparring	Espárrin
Superwelter	Superwélter
Swing	Golpe lateral
Uppercut	Gancho al mentón

5. Ciclismo

Versión extranjera	Versión recomendada
Ciclocross	Ciclocrós (acentuada la 2.ª *o*)
Coll	Puerto
Demarrage	Arrancada, demarraje
Grimpeur	Escalador
Maillot	Jersey, mailló
Maglia	Jersey, malla
Sprint	Aceleración final, esprint
Sprinter	Esprinter
Tandem	Tándem

● FRASES GASTADAS

Coger, chupar rueda
Desbancar al líder
Farolillo rojo
Serpiente multicolor

6. Fútbol

Versión extranjera	Versión recomendada
Catenaccio	Cerrojo
Corner	Córner o saque de esquina
Chut	Chut, tiro, disparo
Escuadra	Equipo
Goal Average	Promedio de goles

Versión extranjera	Versión recomendada
Hooligans	Hinchas violentos (ingleses)
Libero	Libre, defensa libre, defensa escoba
Linier	Juez de línea, auxiliar
Melée	Barullo
Penalty	Penalti, pena máxima, máximo castigo
Referee	Árbitro
Tifosi	Hinchas (italianos)

● FRASES INCORRECTAS

CHUTA A PUERTA Y *ANOTA*. «Anotar» no significa «marcar un gol», sino «poner notas en un escrito».

DIO UN *RECITAL* DE BUEN JUEGO. Un recital es un concierto de un solo músico; pero un equipo de fútbol está compuesto por once jugadores.

EL MARCADOR PERMANECE *INALTERABLE*. Si «inalterable» significa «que no se puede alterar», no es acertada la frase en el transcurso de un partido; debería decirse: *permanece inalterado*.

CORRE POR BANDA DERECHA. GOLPEA CON PIERNA IZQUIERDA... Frases en que se suprime indebidamente el artículo.

DISPARA Y *DEFINE* (o *CONCRETA*). ¿Qué es lo que se define o concreta? ¿El gol? Evidentemente, no son verbos apropiados para emplearlos en lugar de «marca gol».

RECUPERADO DE SU LESIÓN, *ENTRENÓ* ayer. (En lugar de «se entrenó ayer»). El entrenador «entrena» a sus jugadores; los jugadores «se entrenan».

EL ÁRBITRO *DESCUENTA* LOS MINUTOS. Esta frase, dicha al final del partido, expresa lo contrario de lo que se pretende decir. Porque lo que hace el árbitro es añadir los minutos en que había estado detenido el juego.

SALTA MUCHO, GRACIAS A SU GRAN *ENVERGADURA*. La gran envergadura (que es la distancia entre los extremos de los brazos puestos en cruz) podrá facilitar los abrazos, pero no los saltos.

APENAS *REINICIADO* EL JUEGO EN LA SEGUNDA PARTE. Lo correcto es: *apenas reanudado*...

ESTAMOS *RETRANSMITIENDO* EN DIRECTO DESDE EL MO-

LINÓN. En tales condiciones, «se transmite». La que «retransmite» es la emisora si recibe algún programa transmitido desde fuera de ella.

SE HA *SEÑALIZADO* UN PENALTI. El verbo «señalizar», que significa «poner señales», debe reservarse para las calles, las carreteras... Los penaltis se «señalan».

EL DEFENSA *HA PERDIDO LA VERTICALIDAD*. Es más simple y menos pedante: *el defensa se ha caído.*

● FRASES GASTADAS

Dar la vuelta al marcador
El balón sale rozando (o lamiendo) la base (o la cepa) del poste
El campo (o el estadio) se viene abajo
El gol ha sido un jarro de agua fría
Lleno hasta la bandera
Marcaje férreo
Partido no apto para cardiacos
Roba la cartera al defensa
Un final de infarto...

7. Tenis

Versión extranjera	Versión recomendada
Ace	Tanto directo de saque
Advantage	Ventaja
Break	Rotura de servicio
Deuce	Iguales
Drive	Golpes a ras de la red, «draiv»
Game	Juego
Grand Slam	Suma de grandes pruebas
Lob	Globo
Match Ball	Pelota de partido
Net	Red
Passing Shot	Passing shot (golpe paralelo cruzado)
Set	Manga, set
Set Ball	Pelota de set
Set Point	Punto de set
Single	(Partido de) individuales

Versión extranjera	Versión recomendada
Smash	Mate, esmash
Tie-Break	Desempate

8. Otros deportes

Versión extranjera	Versión recomendada
Badminton	Bádminton
Baseball	Béisbol
Cricket	Criquet
Footing	Correr
Golf	Golf
• albatross	• albatros, 3 golpes menos que el par
• birdie	• un golpe menos que el par
• bogey	• un golpe sobre el par
• caddie	• cadi
• eagle	• 2 golpes menos que el par
• green	• césped cercano al hoyo
• match play	• partido por hoyos
• medal play	• partido por número de golpes
• putt	• golpe corto
• rough	• matorral
• tee	• soporte, salida
Handball	Balonmano
Judo	Yudo, judo
• Hayime	• Comiencen
• Kachi	• Victoria
• Mate	• Paren
• Sore made	• Fin
• Tatami	• Tapiz
• Ukemi	• Caída
• Yoshi	• Continúen
Karate	Kárate
Marathon	Maratón
Parapente	Descenso en paracaídas
Ping-Pong	Pimpón, tenis de mesa
Taekwondo	Taekwondo

Versión extranjera	Versión recomendada
• Charyot	• Atención
• Chumbi	• Preparados
• Galyo	• Sepárense
• Kesok	• Continúen
• Kuman	• Final
• Sung	• Vencedor

TÉRMINOS Y EXPRESIONES DE ECONOMÍA

La inclusión de este apéndice corresponde al deseo de brindar un breve glosario de términos y expresiones económicos en lengua inglesa, de uso frecuente, con su significado en español, para consulta rápida.

Versión extranjera	Versión recomendada
Accrued Interest	Interés acumulado
Administered Prices	Precios regulados
Appreciation	Aumento de valor
Bank Lending	Crédito bancario
Bank Rate	Tipo de descuento
Blue Chip	Acción de rentabilidad segura
Break	Baja notable en los cambios
Broker	Intermediario, agente de negocios
Cash Flow	Beneficio neto más amortizaciones
	Flujo de caja
Clearing	Compensación
Consolidated bond	Deuda pública a largo plazo
Contingency Fund	Fondo para imprevistos
Contract Award	Adjudicación de contrato
Control Interest	Interés mayoritario
Convertible Currency	Moneda convertible
Cost of Living Allowance	Asignación por aumento del coste de la vida
Count of General Cash	Arqueo de la caja general
Countervailing Tax	Impuesto de compensación de gravámenes interiores
Crawling Peg	Ajuste mensual de la paridad del cambio

Versión extranjera	Versión recomendada
Credit Transfer	Transferencia bancaria
Currency Appreciation	Revalorización
Currency Policy	Política monetaria
Data Communications	Transmisión de datos
Daylight Saving Time	Horario de verano
Deal Wholesale	Comercio al por mayor
Debit and Credit	Debe y haber
Debt Secured by Mortgage	Crédito hipotecario
Deferred Payment	Pago diferido
Degressive Costs	Costes decrecientes
Delayed Delivery	Entrega aplazada
Denationalize	Privatizar
Department Store	Grandes almacenes
Derrick	Torre de sondeo
Discount of Drafts	Descuento de efectos
Distribution of Income	Distribución de la renta
Dollar Rate	Cambio del dólar
Domicile a Draft	Domiciliar una letra
Draft	Letra de cambio, giro
Earning per share	Dividendos por acción
Economic Appraisal	Evaluación económica
Economics	Economía política
Excise	Impuesto sobre el consumo
Export List	Arancel
External National Debt	Deuda pública exterior
Fee	Honorarios, derechos
Fiduciary Bond	Fianza
Financial Investment	Inversión financiera
Fiscal Revenue	Ingresos fiscales
Foreing Currecy Holding	Existencia de divisas
Foreing Trade Zone	Zona franca
Full Employment	Pleno empleo
Futures Market	Mercado a plazo
Gold Holdings	Reservas de oro
Grants	Subvenciones
Growth Rate	Tasa de crecimiento
Holder	Tenedor, portador
Housing Loan	·Préstamo para construir viviendas

Versión extranjera	Versión recomendada
Idle Money	Dinero improductivo
Income Tax	Impuesto sobre la renta
Indexation	Vinculación a un índice
Industrial Research	Investigación industrial
Inflationary Gap	Déficit inflacionario
Input-output	Factor-producto, entradas-salidas
Inquiry and Offer	Demanda y oferta
Interest Rate	Tasa de interés
Investment Goods	Bienes de inversión
Investment in Stock	Inversiones en cartera
Issue of Currency	Emisión de moneda
Jobbing	Especulación
Joint and Several	Mancomunado y solidario
Labour Shortage	Escasez de mano de obra
Layoff	Despido laboral
Lock-out	Cierre patronal
Mortgage Loan Insurance	Seguro sobre préstamo hipotecario
Paid-up Share	Acción liberada
Parity Change	Cambio a la par
Part-Time Employment	Trabajo de tiempo parcial
Planning	Planeamiento
Prime Rate	Tipo de interés preferente
Property	Bienes
Securities	Valores de renta fija
Spot Market	Mercado libre
Stand-by Credit	Crédito de reserva
Stocks	Existencias
Subsidies	Subvenciones
Tied Loan	Préstamo condicionado
Traveller's Cheques	Cheques de viaje
Trust	Fideicomiso

TÉRMINOS Y EXPRESIONES DE OTRAS LENGUAS ESPAÑOLAS

La norma general es el empleo del término o la locución equivalentes en castellano. El criterio, como siempre, es la mejor inteligibilidad del mensaje. Si se dice *Buru Batzar* en lugar de *Consejo*

Ejecutivo o *Eixample* en lugar de *Ensanche*, es evidente que un sector de la audiencia no entenderá debidamente la información.

Para un mejor uso de dichos términos o locuciones en vascuence, catalán o gallego, convendrá establecer normas concretas y presentar listas que sirvan de orientación.

1. *Nombres de personas.* Ha de respetarse la grafía, tanto de los nombres de pila como de los apellidos. Así, se dirá: *Jordi Pujol, Xabier Arzallus, Miquel Roca*, etc. El locutor o el presentador deben pronunciarlos correctamente.

2. *Topónimos.* Impera la norma general antes enunciada. No se dice *Catalunya*, sino *Cataluña*; ni *Nafarroa*, sino *Navarra*, etc.

3. *Títulos o cargos.* Debe preferirse la versión castellana: *Presidente*, en lugar de *Lehendakari*; *Consejero* en lugar de *Conseller*, etc.; pero es aceptable la versión original cuando el uso la haya consagrado: *el President...*

4. *Instituciones, organismos y empresas.* Los nombres comunes se ofrecen en castellano: *Ayuntamiento*, en lugar de *Ajuntament*; *mozos*, en lugar de *mossos*; «patriota y nacionalista», en lugar de *abertzale*, etc. Cuando el nombre común acompaña a un nombre propio, ha de procurarse dar la versión castellana del conjunto, a no ser que el uso haya consagrado el nombre original. Así, por ejemplo, decimos *fiestas de la Merced* en lugar de *festes de la Mercè*; pero mantenemos *Orfeó Català*, en lugar de *Orfeón Catalán* o *Palau Blaugrana*, en lugar de *Palacio Azulgrana...*

5. *Calles, plazas, avenidas, monumentos...* Debe decirse en castellano el nombre común: *calle*, *plaza*, *avenida* (no *carrer*, *plaça*, *avinguda*), respetando el nombre original cuando no tenga forma castellana: *plaza de Cataluña, templo de la Sagrada Familia, calle del Comte d'Urgell.*

Lo mismo ocurre en el caso de teatros, mercados, palacios... Lo normal será escribir en catellano el nombre común y en catalán el nombre propio. Ejemplos: *teatro Victòria, teatro Regina*; *mercado del Ninot, mercado de la Boquería*; *palacio de Pedralbes...* Pero existen teatros, mercados y palacios singulares cuyo nombre catalán ha de expresarse completo: *Gran Teatre del Liceu, Mercat del Ram, Palau de la Generalitat*, etc. (Véase la lista adjunta.)

Enunciamos a continuación una serie de términos y locuciones de uso frecuente en catalán, vascuence o gallego, y sugerimos la versión que ha de emplearse en cada caso. Los significados que se ofrecen entre paréntesis pueden servir únicamente de aclaración, no para su uso en los textos.

1. CATALÁN

Versión original	Versión recomendada
botiguer	vendedor, tendero
Botiguers, Unió de	Botiguers, Unió de
Camp Nou	Camp Nou
Casa Gran	Ayuntamiento de Barcelona
casteller	casteller (miembro de un grupo de los que levantan torres humanas)
Consell de Cent	Consell de Cent
conseller (1)	conseller o consejero
Convergència i Unió	Convergència i Unió
Esquerra Republicana de Catalunya	Esquerra Republicana de Catalunya
Ferrocarrils de Catalunya	Ferrocarrils de Catalunya
fira	feria
Iniciativa per Catalunya	Iniciativa per Catalunya
mercat	mercado
Mercat de les Flors	Mercat de les Flors
Mercat del Ram	Mercat del Ram
Moll de la Fusta	Moll de la Fusta
mosèn	mosén (resérvese este nombre para crónicas de ambiente) o párroco, sacerdote
Mossos d'Esquadra	Mossos d'Esquadra o Policía Autonómica de Cataluña
«Nova Cançó» (2)	«Nova Cançó"
Onze de Setembre (3)	Onze de Setembre o Diada de Catalunya

(1) La *ll* se pronuncia como la *ll* en «Castilla», no como la *y* en «ya».
(2) La *ç* se pronuncia como la *s* castellana.
(3) La *z* se pronuncia más o menos como la *z* francesa.

Versión original	Versión recomendada
Orfeó Català	Orfeó Català
pagès (4)	payés, campesino o agricultor
Palau Blaugrana	Palau Blaugrana
Palau de la Generalitat	Palau de la Generalitat
Palau de la Música	Palau de la Música
Palau dels Esports	Palacio de los Deportes
Parlament	Parlament
Partit dels Socialistes de Catalunya	Partit dels Socialistes de Catalunya
Poblenou	Poblenou
President	President
Saló de Cent	Saló de Cent (salón del Ayuntamiento de Barcelona donde se reunía el Consell de Cent).
Sant Jordi (Diada de) (5)	Sant Jordi (Diada de)
«Segadors, els»	«Segadors, els»
seny	seny (prudencia, moderación)
senyera (6)	senyera o bandera
Síndic de Greuges	Síndic de Greuges o Defensor del Pueblo
teatre	teatro
Teatre del Liceu, Gran	Teatre del Liceu, Gran
Teatre Lliure	Teatre Lliure
Turó Park	Turó Park
Unió de Pagesos (7)	Unió de Pagesos

NOTA. Como complemento de las orientaciones sobre el uso de términos y expresiones catalanas, conviene añadir aquí una relación abreviada de los catalanismos que se deslizan con frecuencia en las informaciones.

(4) La *g* ante *e* o *i* se pronuncia como la *g* francesa ante *e* o *i*.

(5) La *j* se pronuncia como la *j* francesa.

(6) El grupo *ny* se pronuncia como la *ñ* castellana.

(7) Como complemento de las reglas abreviadas de pronunciación, cabe añadir lo siguiente:

− La *ch*, consonante final de algunos vocablos, se pronuncia [k]: *Domènech* [domènek].

− La *a* átona se pronuncia más o menos como la *a* castellana, tanto en singular como en plural: *Banyoles* se pronuncia [Bañólas].

154

APALIZAR. No existe este verbo en castellano. Dígase *dar una paliza*.

COSAS. La expresión *las cosas como sean* es traducción errónea de *les coses com siguin*. Debe decirse: *las cosas, como son*.

DESCAMBIAR. Dígase *cambiar*. Es incorrecto: *he descambiado el billete* (en lugar de: *he cambiado el billete*).

ECHAR A FALTAR. Expresión incorrecta. Dígase *echar en falta* o *echar de menos*. Por ejemplo: *te he echado de menos durante tu ausencia; he echado en falta un billete de 5000 pesetas*.

EDITAJE. En lugar de este neologismo, empléese el término *edición*. Es incorrecto decir: *he terminado el editaje de la crónica* (en lugar de: *he terminado la edición de la crónica*).

ENCONTRAR A FALTAR. Error semejante al de *echar a faltar*. Dígase *echar de menos* o *echar en falta*.

ENSEÑAR. Este verbo rige la preposición *a*, no *de*. Es incorrecto decir: *el maestro enseña de leer a los alumnos* (en lugar de: *el maestro enseña a leer a los alumnos*).

ESTARSE. No es correcto emplear este verbo con el significado de *abstenerse* o *privarse*. No debe decirse *el preso ha decidido estarse de comer*, sino *el preso ha decidido privarse o abstenerse de comer*.

GIRARSE. Calco incorrecto del catalán. Cuando se llama a una persona, ésta *se vuelve* para atender a la llamada; no es correcto decir que *se gira*.

HACER EL EFECTO. Traducción incorrecta del catalán. Debe decirse *tener la sensación, dar la impresión*. Por ejemplo: *me da la impresión de que la obra será un éxito; cuando me incorporo tengo la sensación de que voy a caerme*.

HACER PRESIÓN. Dígase mejor *presionar*.

MÍO / SUYO. Es frecuente, aunque no sólo en Cataluña, el uso incorrecto de estos posesivos en frases como: *atravesó la puerta delante mío* (en lugar de: *atravesó la puerta delante de mí*), o *se ha sentado encima suyo* (en lugar de: *se ha sentado encima de él*).

TENER EFECTO. En lugar de este catalanismo, deben emplearse los verbos *efectuarse, celebrarse, suceder*. Ejemplo: *se ha celebrado el acto de apertura de los juegos*.

2. VASCUENCE

Versión original	Pronunciación	Versión recomendada
Aberri Eguna	Abérri Egúna	Aberri Eguna o Día de la Patria
Abertzale	Abertsále	Abertzale o Patriota o Nacionalista
Ararteko	Arartéko	Defensor del Pueblo
Arbasoen Eguna	Arbásoen Egúna	Día de los Antepasados
Batzoki	Batsóki	Centro de reunión del Partido Nacionalista Vasco
Bizkai Buru Batzar	Bizcái Búru Batsár	Consejo Ejecutivo de Vizcaya (del PNV)
Ertzaina	Ertsáña	Ertzaina o Miembro de la policía Autonómica Vasca
Ertzainza	Ertsáintsa	Ertzainza o Policía Autonómica Vasca
Euskadi o Euzkadi	Eus(z)kádi	Eus(z)kadi o País Vasco
Euskadiko Esquerra	Euskádiko Esquérra	Euskadiko Esquerra (Izquierda de Euskadi)
Euskal Herria	Euskál Herriá	País Vasco
Euskaldun	Euskaldún	Vascohablante
Euskalzaindia	Euskalzaindía	Real Academia de la Lengua Vasca
Euskara o Euskera	Euskára o Euskéra	Lengua Vasca
Eusko Alkartasuna	Eusko Alkartasuná	Eusko Alkartasuna (Solidaridad Vasca)
Gernikako arbola	Guernícaco arbóla	Árbol de Guernica.
Herri Batasuna	Hérri Batasuná	Herri Batasuna (Unidad Popular)
Ikastola	Ikastóla	Ikastola (Escuela donde la enseñanza se imparte en vascuence)
Ikurriña	Ikurríña	Ikurriña o bandera
Iparretarrak	Ipárretárrak	Iparretarrak (Los del Norte)
Zulo	Zúlo	Escondrijo, agujero

3. GALLEGO

Versión original	Versión recomendada
Assembleia do Pobo Unido	Assembleia do Pobo Unido
Bloque Nacionalista Galego	Bloque Nacionalista Galego
Ciudadáns	Ciudadanos
Concelleiro (1)	Concejal
concello	Ayuntamiento
Confederación Xeral de traballadores Galegos	Confederación Xeral de Traballadores Galegos
Conselleiro	Conselleiro o Consejero
Consellería	Consellería o Consejería
Converxencia Nacionalista Galega	Converxencia Nacionalista Galega
Esquerda Unida	Esquerda Unida
Estrada	Carretera
Galiza	Galicia
Igrexa	Iglesia
Lingua galega	Lengua gallega
Partido Socialista Galego-Esquerda Galega	Partido Socialista Galego-Esquerda Galega
Praza de Obradoiro	Plaza del Obradoiro
Santyago	Santiago
Sanxenxo	Sanjenjo
Soutomaior	Sotomayor
Tui	Tuy
Xeral (2)	General
Xunta	Xunta

TÉRMINOS Y EXPRESIONES DE POLÍTICA

El especialista en política internacional debe cuidar no convertir sus escritos en un galimatías, salpicándolos innecesariamente de términos y expresiones extranjeras. Cuando éstos se usen por necesidad, convendrá dar su traducción o su significado (o ambos). Si el vocablo tiene equivalente en castellano, se empleará éste preferentemente.

(1) La *ll* se pronuncia como la *ll* de «Castilla», no como la *y* de «ya».
(2) La *x* de *Xeral*, *Xunta* y *Converxencia* se pronuncia como la *ch* francesa.

AL FATAH. Brazo armado de la OLP (Organización para la Liberación de Palestina).

ANCIEN RÉGIME. Antiguo régimen.

APARTHEID. En afrikaans, separación o apartamiento.

APPARÁTCHIK. Oficinista o burócrata (en ruso).

ATTACHÉ. Agregado (en francés).

BAAZ. Partido político presente en Irak y Siria. Baaz significa «renacimiento».

BALLOTAGE. Literalmente, «empate». En el sistema electoral francés, resultado nulo, que exige una segunda vuelta, al no haber logrado la mayoría absoluta en la primera ninguno de los candidatos.

BILL OF RIGHTS. Declaración de derechos.

BUNDESRAT. En Alemania, cámara parlamentaria en la que están representados los Estados Federales (o *Länder*).

BUNDESTAG. Cámara Baja del Parlamento alemán.

CAUCUS. Convenciones de los partidos estadounidenses, en las que se vota a mano alzada.

COMMITEE. Comisión parlamentaria.

CHIEF MINISTER. En Gibraltar, «Ministro principal».

DAWA. En árabe, «la llamada del Islam».

DÉTENTE. Distensión.

DOVE. Paloma (político flexible).

ENOSIS. En griego, «unión».

ENTENTE. En francés, «acuerdo», «entendimiento».

FIANNA FAIL. Soldados del destino, en gaélico. Partido irlandés.

FINE GAEL. Tribu de los gaélicos.

FITNA. En árabe, «guerra entre musulmanes».

FOLKETING. En el Parlamento danés, Cámara Baja.

GAUCHE DIVINE. En francés, «izquierda divina». Agrupación de intelectuales franceses de izquierdas.

GAUCHISME. Izquierdismo.

GESTAPO («Geheime Staatspolizei»). Policía secreta nazi.
GLASNOST. En ruso, «transparencia informativa».

HAWK. «Halcón». Se aplica al político intransigente.
HINTERLAND. Interior, zona de retaguardia.

INTIFADA. Levantamiento popular palestino en los territorios ocupados por Israel.

KNESET. Parlamento israelí.
KUOMINTANG. Partido nacionalista taiwanés.

LAND. Estado federado alemán (en plural, «Länder»).
LANDTAG. Parlamento de un estado federado alemán.
LOBBY. Grupo de presión.
LOK SABHA. En el Parlamento indio, Cámara Baja.

MAHDÍ. En árabe, «el Mesías».
MISINO. Miembro del movimiento social italiano (de extrema derecha).
MOSAD. Servicio secreto israelí.
MULLAH. En Irán, teólogo musulmán.
MUYAHID. En árabe, «combatiente de la yihad (o guerra santa)».

OMBUDSMAN. Defensor del pueblo.
OSTPOLITIK. Política de acercamiento al este (en alemán).

PASDARAN. En Irán, «guardianes de la revolución».
PREMIER. Primer ministro inglés.

REALPOLITIK. Política realista.

SAM, Tío. Familiarmente, en EE.UU., el Gobierno y la Administración.
SHADOW CABINET. «Gobierno en la sombra». En Gran Bretaña, directiva del partido de la oposición.
SHARIA. Ley sagrada del Islam.
SHIÍ. Miembro de una secta islámica, que reputa al cuñado de Mahoma, Ali Ibn Abi Talib, legítimo sucesor del Profeta.

SINN FEIN. En gaélico, «nosotros solos». Rama política del IRA (Ejército Republicano Irlandés).

SOLIDARNOSC. Solidaridad, en polaco.

SÓVIET. Consejo, asamblea (en ruso).

SUNÍ. Miembro de una secta islámica.

UCASE. Mandato arbitrario.

ULEMA. Teólogo islámico.

UMMA. Comunidad musulmana.

WELFARE STATE. Estado del bienestar.

TÉRMINOS Y EXPRESIONES DE TELEVISIÓN

La selección que a continuación se ofrece pretende abarcar únicamente los más usuales.

- INCLUIDOS EN LA ÚLTIMA EDICIÓN DEL DRAE

BANDA DE FRECUENCIA. Todas las frecuencias comprendidas entre dos límites definidos de frecuencia (véase «frecuencia»).

CADENA. Grupo de transmisores y receptores de radio o de televisión que, conjugados entre sí, radiodifunden o televisan el mismo programa.

CÁMARA LENTA. Rodaje acelerado de una película para producir un efecto de lentitud al proyectar la imagen a la velocidad normal.

CANAL. Estación de televisión y radio.

CARTA DE AJUSTE. Gráfico fijo con líneas y colores para poder ajustar la imagen en los televisores.

CONTRACAMPO. Paso de un encuadre al siguiente en una misma escena, desde distinto punto de vista y con un ángulo de toma similar, que rompe la continuidad de la narración con fines expresivos. Se llama también contraplano (véase «plano»).

CONTRAPICADO. Procedimiento inverso al picado (véase «picado»).

CONTRASTE. En la imagen televisiva, inexistencia o escasez de tonos intermedios, de tal manera que resaltan mucho los claros y los oscuros.

CORRESPONSAL. Persona que habitualmente y por encargo de

un periódico, cadena de televisión, agencia de noticias, etc., envía noticias de actualidad desde otra población o país extranjero.

CORRESPONSALÍA. Cargo de corresponsal de un periódico, cadena de televisión, agencia de noticias. Lugar donde se ejerce el cargo de corresponsal.

DECIBELIO. Unidad empleada para expresar la relación entre dos potencias eléctricas o acústicas.

DEFINICIÓN. Nitidez con que se perciben los detalles de una imagen formada sobre una pantalla de televisión. (Otras definiciones, ajenas al DRAE, aluden aquí al número de líneas que dibuja el haz de electrones en la pantalla en 1/25 de segundo).

DIFERIDO (EN). Dícese del programa que se emite con posterioridad a su grabación.

DIRECTO (EN). Dícese del programa que se emite a la vez que se realiza.

DISTORSIÓN. Deformación de imágenes, sonidos, señales, etc., producida en su transmisión o reproducción.

DÚPLEX. Sistema de información capaz de transmitir y recibir simultáneamente dos mensajes, uno en cada sentido.

ECUALIZACIÓN. En alta fidelidad, ajuste dentro de determinados valores de las frecuencias de reproducción de un sonido con el fin de igualarlo a su emisión originaria.

ENCUADRE. Espacio que capta en cada toma el objetivo de una cámara. (Esta definición, referida por el DRAE solamente al cine y a la fotografía, puede extenderse por analogía a la televisión).

ENFOQUE. Acción y efecto de enfocar: hacer que la imagen de un objeto producida en el foco de una lente se recoja con claridad sobre un plano u objeto determinado.

ENTRADILLA. Comienzo de una información periodística que resume lo más importante de ella.

ESTUDIO. Conjunto de edificios o dependencias destinados a la realización de películas cinematográficas, a emisiones de radio o televisión, a grabaciones discográficas, etc.

EUROVISIÓN. Conjunto de circuitos de imagen y sonido que posibilita el intercambio de programas, comunicaciones e informaciones sonoras y visuales entre los países europeos asociados.

FUNDIDO. Transición gradual de un plano a otro durante su proyección en la pantalla, o de un sonido a otro en el altavoz.

FUNDIR. Mezclar los últimos momentos de persistencia de la imagen en la pantalla o del sonido en el altavoz con los primeros momentos de aparición de otra imagen o de otros sonidos respectivamente.

HERCIO. Unidad de frecuencia. Su símbolo es Hz. En radio y televisión se utilizan sus múltiplos, kilohercio (1000 hercios) y megahercio (1 000 000 de hercios).

ICONOSCOPIO. Tubo de rayos catódicos que transforma la imagen luminosa en señales eléctricas para su transmisión.

JIRAFA. Mecanismo que permite mover el micrófono y ampliar su alcance, elevándolo y llevándolo lejos.

MAGNETOSCOPIO. Aparato que registra imágenes de televisión en una cinta magnética.

MINUTAR. Distribuir el tiempo correspondiente a las diversas emisiones o programas.

MODULACIÓN. Modificación de la frecuencia o amplitud de las ondas eléctricas para la mejor transmisión de las señales.

MONITOR. Aparato receptor que toma las imágenes directamente de las estaciones filmadoras y sirve para controlar las emisiones.

MONTAJE. Ordenación del material ya filmado para constituir la versión definitiva de una película (o cinta de vídeo).

MOVIOLA (marca comercial). Máquina empleada en los estudios cinematográficos y de televisión para proyectar filmes, regulándose el movimiento de la película de acuerdo con las necesidades del montador. Permite examinar adecuadamente el filme, cortar o intercalar escenas en él y sincronizar sus bandas sonoras.

PANORÁMICA. Amplio movimiento giratorio de la cámara, sin desplazamiento.

PEQUEÑA PANTALLA. Familiarmente, televisión.

PICADO. Ángulo de toma por el cual la cámara se inclina sobre el objeto filmado (véase «contrapicado»).

PLATÓ. Cada uno de los recintos cubiertos de un estudio, acondicionados para que sirvan de escenario en el rodaje de la película o en la grabación de programas de televisión.

PRESENTADOR. Persona que, profesional u ocasionalmente, presenta y comenta un espectáculo o un programa televisivo o radiofónico.

PRODUCTOR. Persona que con responsabilidad financiera y comercial organiza la realización de una obra cinematográfica, discográfica, televisiva, etc.

REALIZADOR. En el cine y la televisión, el director de la ejecución de una película o de un programa.

REALIZAR. Dirigir la ejecución de una película o de un programa televisivo.

REGIDOR. (Si adaptamos a la TV la definición que da el DRAE para el regidor en el teatro): Persona que en un estudio de televisión cuida del orden y de la realización de los movimientos y efectos escénicos dispuestos por el realizador, mediante indicaciones a los actores o presentadores, encargados de la iluminación y servidores de la escena en general.

REPETIDOR. Aparato electrónico que repite una señal electromagnética y la vuelve a transmitir amplificada.

SECUENCIA. Sucesión no interrumpida de planos o escenas que en una película se refieren a una misma parte o aspecto del argumento.

SERIAL. Obra radiofónica o televisiva que se difunde en emisiones sucesivas.

SINCRONÍA. Sincronismo, coincidencia de hechos o fenómenos en el tiempo.

SINCRONISMO. Correspondencia en el tiempo entre las diferentes partes de los procesos.

TELE. Familiarmente, televisión.

TELECLUB. Lugar de reunión para ver programas de televisión.

TELEDIARIO. Programa informativo de los acontecimientos más sobresalientes del día, transmitido por televisión.

TELEFILME. Película de televisión.

TELENOVELA. Novela filmada y grabada para ser transmitida por capítulos a través de la televisión.

TELESPECTADOR. Persona que ve la televisión.

TELETEATRO. Teatro que se transmite por televisión.

TELETEXTO. Sistema de transmisión de textos escritos mediante onda herciana, como la señal de televisión, o por cable telefónico.

TELEVIDENTE. Telespectador.

TELEVISAR. Transmitir imágenes por televisión.

TELEVISIVO o TELEVISUAL. Perteneciente o relativo a televisión.

TOMA. Acción y efecto de filmar.

TRAVELÍN. (Así adapta la Academia el vocablo inglés *travelling*) Desplazamiento de la cámara montada sobre ruedas para acercarla al objeto, alejarla de él o seguirlo en sus movimientos. Plataforma móvil sobre la cual va montada dicha cámara.

TRUCA. Máquina para realizar efectos ópticos y sonoros especiales en las películas cinematográficas o de televisión.

VÍDEO. Aparato que registra y reproduce electrónicamente imágenes y sonidos.

VIDEODISCO. Disco en que se registran imágenes y sonidos, que, mediante un rayo láser, pueden ser reproducidos por un televisor.

VIDEOFRECUENCIA. Cualquiera de las frecuencias de ondas empleadas en la transmisión de imágenes.

VISIONAR. Ver imágenes cinematográficas o televisivas, especialmente desde un punto de vista técnico o crítico.

ZUM. (Así adapta la Academia el término inglés *zoom*). Teleobjetivo especial a través del cual el tomavistas (o la cámara de televisión) puede conseguir un avance o retroceso rápido en la imagen. Efecto de acercamiento o alejamiento de la imagen obtenido con este dispositivo.

● No incluidos en el DRAE

Los términos y locuciones siguientes no aparecen en el DRAE, o, si aparecen, no incluye la acepción que suele atribuírseles en el medio televisivo.

ACOPLAMIENTO. Superposición de dos señales de audio, de diverso origen, que perturba la audición.

AJUSTE DE IMAGEN. Acción necesaria para lograr una buena calidad de la imagen.

ALTA DENSIDAD. Cualidad de ciertas cintas de vídeo que permite introducir gran cantidad de información.

CÓDIGO DE TIEMPO. Sistema de identificación de los segmentos de la cinta de vídeo por medio de horas, minutos y segundos.

CORTINILLA. Efecto especial, mediante el cual una imagen sustituye a otra en la pantalla.

CHROMA-KEY. Procedimiento mediante el cual se insertan imágenes de una cámara sobre un fondo de otras fuentes de vídeo.

DROP-OUT. Alteraciones de la imagen, en forma de líneas o puntos, por el incorrecto revestimiento de la cinta de vídeo.

EDICIÓN. Unión de segmentos de la cinta de vídeo. (Es incorrecto el término «editaje»).

EDITOR. Profesional responsable de un programa informativo, a las órdenes (a veces) de un director.

FANTASMA. Ilusión óptica de doble imagen.

FRECUENCIA. Número de ciclos por segundo que produce un generador de corriente alterna. Su unidad de medida es el hercio.

FULGOR. Brillo anormal de la imagen.

GENERACIÓN PRIMERA. Grabación original.

GENERACIÓN SEGUNDA. Primera copia.

HALO. Corona oscura en torno a los objetos brillantes.

INSERTO. Modo de intercalar en una cinta grabada otras imágenes, sin perturbar el orden.

MULTIPLEX. Conexión simultánea entre varios centros de emisión, que permite el intercambio de imágenes y sonido.

PLANO. Unidad básica del montaje audiovisual.

PLAY-BACK. Difusión, en el curso de una emisión de TV, de una grabación realizada con anterioridad (música o palabra), que el protagonista de la escena finge interpretar simultáneamente.

RESOLUCIÓN. Número de líneas de la pantalla de TV.

SATURACIÓN. Grano de pureza del color. (Un verde, por ej., está «saturado» cuando contiene la mayor cantidad de verde; por lo tanto, existen muy pequeñas partes de blanco en su mezcla).

SPOT. Cortometraje, generalmente de carácter publicitario.

TELEGENIA. Cualidad de personas (o cosas) que tienen buenas condiciones para aparecer en televisión.

UHF (Ultra High Frequencies). Frecuencias ultra altas. Banda de frecuencias para la transmisión en TV, entre 300 y 3000 megahercios (MHz)

UNIDAD MÓVIL. Vehículo dotado de equipo suficiente para producir un programa televisivo fuera del centro de emisión.

UNIDIRECCIONAL. Condición de ciertos micrófonos, capaces de captar el sonido procedente de una dirección solamente.

VCR (Video Cassette Recorder). Magnetoscopio. La sigla VCR suele aplicarse en Europa, sin embargo, al formato de cinta de vídeo de 1/2 pulgada.

VHF (Very High Frequencies). Frecuencias muy altas. Banda de frecuencias para la transmisión en TV, entre 30 y 300 MHz.

VHS (Video Home System). Sistema de vídeo doméstico.

TÉRMINOS Y EXPRESIONES JURÍDICOS

No siempre se emplean los términos y expresiones jurídicos en su verdadero sentido. Frecuentemente se aplican como si fueran sinónimos vocablos como *rapto* y *secuestro*; *asesinato* y *homicidio*;

robo y *hurto*, etc. La necesaria clarificación de conceptos y la importancia de la materia nos obliga a incluir este apéndice, algo más extenso que otros, aunque ajustado a los límites de la obra.

ABINTESTATO. Sin testamento. Se dice de la persona que muere sin testamento que ha muerto *ab intestato*. En ese caso, la Ley sustituye el testamento y establece las normas por las que se rige la herencia. En general, estas normas señalan como herederos a los parientes más próximos hasta un determinado grado. Si no hay parientes en dicho grado, hereda el Estado.

ABORTO. Destrucción del feto en el seno materno o expulsión prematura de aquél. Está parcialmente despenalizado en el Derecho español en tres supuestos: en grave peligro para la vida o la salud física o psíquica de la madre, en embarazo causado por violación, y cuando se presume que el feto nacerá con graves taras físicas o psíquicas. Fuera de estos casos, el aborto procurado es delito.

ABUSO DE AUTORIDAD. Delito que comete el superior al abusar de sus facultades, al maltratar de obra o tratar de modo degradante o inhumano al inferior.

ABUSOS DESHONESTOS. Se trata de un antiguo delito del Código Penal, que hoy se denomina «agresiones sexuales». Consiste en el abuso sexual de una persona, de cualquier sexo. Es decir, en realizar actos que ofendan, dañen, lesionen o quebranten derechos de otras personas referidos al ámbito sexual, siempre que concurra una de estas tres condiciones: empleo de la fuerza o intimidación, que la persona de que se abusa se encuentre privada de razón o que sea menor de 12 años.

ACCIÓN. Derecho del sujeto a solicitar la tutela de los tribunales de justicia. Se dice que alguien «ejerce una acción» ante un tribunal cuando reclama algún derecho que le corresponde.

ACCIÓN POPULAR. La que puede ejercer cualquier ciudadano ante los tribunales en defensa del interés público. Suelen ejercer la acción popular los partidos políticos o asociaciones, por ejemplo, en asuntos de corrupción política, tráfico de influencias, etc. También la ejercen las asociaciones de consumidores u otras asociaciones ciudadanas.

ALBACEA. Persona que se nombra en un testamento para encargarle que cumpla la voluntad del testador.

ALEVOSÍA. «Obrar con alevosía» es sinónimo de «a traición» o «sobre seguro». Se da alevosía cuando se dispara por la espalda, o cuando se utiliza arma de fuego contra persona desarmada, cuando se mata a alguien mientras duerme o está inconsciente, etc. La alevosía convierte el simple homicidio en asesinato.

ALZADA (RECURSO DE). Se trata de un recurso administrativo que la Ley concede a los particulares frente a resoluciones administrativas. Se interpone ante el órgano superior al que dictó la resolución que se impugna. Es decir, ante el que está por encima en la escala jerárquica de la Administración. (Ejemplo: ante el Alcalde se interpone recurso de alzada contra una multa de tráfico impuesta por la policía municipal).

ALLANAMIENTO. Declaración de voluntad del demandado en un juicio, por la cual renuncia a oponerse a la demanda y acepta la pretensión del demandante. Se dice que una persona «se allana» en una demanda judicial cuando acepta las peticiones del que reclama. Se demanda a alguien y se pide una indemnización; el demandado se allana cuando acepta la cuantía de la indemnización y los hechos que se le imputan. En general, el allanamiento se produce tras una negociación y casi exclusivamente en cuestiones económicas. La negociación suele conducir a rebajar las pretensiones del demandante que, entonces, son aceptadas por el demandado.

ALLANAMIENTO DE MORADA. Entrada ilegal en casa ajena, contra la voluntad de su morador.

APOLOGÍA DEL DELITO. Alabanza o defensa de personas que han cometido delito, o del delito mismo.

APREMIO. Procedimiento administrativo para exigir coactivamente y de forma rápida el pago de cuotas o impuestos. Se suele hablar de «vía de apremio», como referencia al procedimiento de apremio.

APROPIACIÓN INDEBIDA. Delito que consiste en apropiarse o emplear indebidamente una cosa mueble recibida en depósito, comisión o administración o por cualquier otro título, con la obligación de devolverla; o en negar haberla recibido.

ARMISTICIO. Suspensión temporal y convencional de las hostilidades.

ARRESTO. Pena de privación de libertad. El arresto mayor puede ser de un mes y un día a seis meses. El menor, de uno a treinta días. Arresto no es, pues sinónimo de detención. (Véase este último término).

ASESINATO. Delito contra la vida humana que comete quien da

muerte a una persona cuando concurre una de estas cinco circunstancias: alevosía; mediante precio, recompensa o promesa; por medio de veneno, inundación, incendio o explosivo; con premeditación; o con ensañamiento. (Véase «homicidio».)

ATENTADO. Es un delito contra la seguridad del Estado, o contra una persona constituida en autoridad (un juez, un agente de la policía, etc.), o, también, contra Jefes de Estado extranjeros o personal internacional protegido, y contra medios o recursos de la defensa nacional (p. e., buques de guerra).

AUDITORÍA DE CUENTAS. Revisión y verificación de documentos contables para la redacción de un informe que puede tener efecto frente a terceros.

AUTO. Se trata de una resolución judicial que decide cuestiones secundarias o incidentales que sobrevienen en el curso o desarrollo de un juicio, y no necesitan que se dicte sentencia (que es la resolución judicial principal).

Auto de procesamiento es aquella resolución judicial que declara a alguien procesado. Auto de conclusión del sumario es la resolución que decide que están terminadas las actuaciones sumariales y que se pasa al juicio oral.

AUTOR. Persona que comete el delito. El Código Penal considera como tal al que interviene directamente en la ejecución del hecho, al que fuerza o induce a otro a ejecutarlo, y al que coopera a la ejecución con un acto sin el cual no se hubiera efectuado.

BANDAS ARMADAS. Se consideran tales las que tengan por objeto la comisión de un delito mediante armas de fuego, de guerra o sustancias o aparatos explosivos o inflamables.

BASE LIQUIDABLE. Es la cantidad que resulta después de aplicar a la base imponible de un tributo las reducciones que la Ley permite o establece. La base imponible es el valor total que puede ser objeto de imposición. Una vez fijada la base imponible, se podrán realizar las mencionadas reducciones y resultará la base liquidable.

BIGAMIA. Delito en que incurre quien contrae nuevo matrimonio sin que se haya disuelto legalmente su matrimonio anterior.

CABILDOS INSULARES. Corporaciones administrativas, con categoría superior a los Ayuntamientos, de cada una de las siete islas del archipiélago canario.

CALUMNIA. Falsa imputación de un delito. El Código Penal añadc: «de los que dan lugar a procedimiento de oficio», es decir, de un delito perseguible por la Justicia, no sólo por los particulares. Calumnia sería, por ejemplo, atribuir falsamente a alguien un asesinato.

CAPITULACIONES MATRIMONIALES. Contrato, ante notario, celebrado por los cónyuges sobre el régimen económico de su matrimonio.

CARTA SOCIAL EUROPEA. Convención sociolaboral, de 1961, firmada por trece países europeos, entre ellos España (que se adhirió a ella en 1980).

CASACIÓN (RECURSO DE). Recurso que se interpone ante el Tribunal Supremo para que «case» o anule las sentencias (o determinadas resoluciones) de tribunales inferiores. Existe el recurso de casación «por quebrantamiento de forma», cuando se considera que el tribunal inferior no ha observado correctamente todas las normas del procedimiento (por ejemplo, si ha negado la práctica de una prueba pertinente); y existe asimismo el recurso de casación por infracción de ley o doctrina legal, que puede interponerse cuando la resolución del tribunal inferior no está de acuerdo con la ley o la doctrina que la interpreta.

Si el recurso por quebrantamiento de forma prospera, el Tribunal Supremo remite todo lo actuado al tribunal inferior para que se reanude el proceso en el punto en que se produjo la infracción de la norma de procedimiento, y, después de subsanada la falta, se dicte nueva sentencia.

Si prospera el recurso por infracción de ley o doctrina legal, el Tribunal Supremo dicta nueva sentencia (ésta definitiva). Cabe, sin embargo, contra ella el recurso de amparo ante el Tribunal Constitucional, si se considera que va en contra de un derecho tutelado por la Constitución.

CASO FORTUITO. Hecho imprevisto, no punible, en el que no intervienen dolo ni culpa del sujeto.

CLÁUSULA DE CONCIENCIA. A este derecho se refiere el artículo 20, d), 1 de la Constitución, que establece: «la Ley regulará el derecho a la cláusula de conciencia y al secreto profesional». Este mandato constitucional no ha sido cumplido todavía. Suele entenderse por «cláusula de conciencia» (introducida ya de hecho en algunas empresas periodísticas) el derecho que asiste al trabajador para romper su relación laboral con una empresa cuando ésta cambia sustancialmente su ideología y él considera que este hecho afecta a su honor, libertad o independencia profesional.

COMISO. Pena de pérdida de la cosa, que se impone en los delitos de contrabando.

COMPETENCIA DESLEAL. Según el Convenio de París, es «todo acto de competencia contrario a los usos honestos en materia industrial o comercial».

CONDOMINIO. «Situación jurídica que se produce cuando la propiedad de una cosa pertenece conjuntamente o pro indiviso a varias personas.»

CONSORCIO. Organismo autónomo que gestiona las contribuciones urbana, rústica y pecuaria, en colaboración con el Estado y las corporaciones locales.

CORPORACIONES DE DERECHO PÚBLICO. Asociaciones, con personalidad jurídica, creadas por una Ley que fija sus fines, estructura y funcionamiento. Están sujetas al derecho privado. Ejemplo: el Colegio de Abogados, que tiene como fin fomentar y mejorar el ejercicio de la profesión de abogado.

CORPORACIONES LOCALES. Órganos colegiados, de carácter representativo, encargados del gobierno y la administración de los entes locales; p. ej., los Ayuntamientos.

CULPA. En Derecho Penal, el delito culposo (por oposición al doloso) supone, entre otras cosas, que su autor omite el deber de cuidado exigido en una situación concreta, de acuerdo con sus conocimientos y capacidades. El delito doloso, en cambio, supone en el actor conciencia y voluntad de obtener un resultado injusto. (Véase «dolo».)

CUOTA TRIBUTARIA. La que resulta de aplicar a la base liquidable del tributo la escala de gravamen. (Véase «base liquidable».)

DECRETO-LEY. Norma con rango de Ley, dictada por el Gobierno en casos de extraordinaria y urgente necesidad, que debe someterse al Congreso de los Diputados para su convalidación o derogación.

DELITO FISCAL. Figura delictiva que consiste en defraudar a la Hacienda Pública en más de 5 millones; en obtener ilícitamente subvenciones o desgravaciones por valor de más de dos millones y medio de pesetas; o en no cumplir ciertas obligaciones contables.

DESACATO. Es un delito que consiste en dirigir insultos, amenazas, falsas acusaciones, calumnias u ofensas graves de palabra o de obra, contra Ministros o Autoridades, cuando se encuentran en el ejercicio de sus funciones.

DESISTIMIENTO. Una persona «desiste» de su demanda cuando la abandona y no continúa el juicio o procedimiento.

DESVIACIÓN DE PODER. Vicio del acto administrativo, que se produce cuando la Administración usa de sus facultades para un fin distinto del que prevé el ordenamiento jurídico.

DETENCIÓN. Privación temporal de libertad por la autoridad competente, bajo determinadas garantías, y para un periodo no mayor de 72 horas, pasadas las cuales el detenido habrá de ser puesto en libertad o a disposición del juez.

La doctrina no distingue la «detención» de la «retención».

La vigente Ley de Seguridad Ciudadana, de 1992 («Ley Corcuera»), dispone que, cuando los agentes de las Fuerzas y Cuerpos de Seguridad no obtengan de las personas su identificación, podrán requerirlas para que los acompañen a dependencias policiales donde tratarán de identificarlas. En su Exposición de Motivos, esta Ley aclara que este requerimiento de los agentes no supone una alteración de la doctrina legal sobre la detención, ya que ésta seguirá produciéndose solamente cuando exista la sospecha de que se ha cometido un delito.

DIRECTIVA. Norma comunitaria que obliga a los Estados miembros en cuanto al resultado, y deja a su elección la forma y los medios de conseguirlo. Las directivas se deben convertir en leyes en los países comunitarios. En este aspecto, se lleva gran retraso en España.

DOLO. Es la conciencia y voluntad de conseguir un resultado injusto a sabiendas de que está prohibido por la Ley. Es equivalente a acto con malicia, frente a la culpa en que no existe voluntad, sino negligencia. Es decir, comete un delito doloso aquel que sabe que lo que está realizando está mal hecho y es contrario a la Ley, y a pesar de ello quiere hacerlo y obtener el resultado deseado. En cambio, en la culpa sólo se aprecia la conciencia de lo ilegal, pero no existe voluntad de causar daño, sino que éste se produce por imprudencia o negligencia. Típicos delitos culposos suelen ser los de tráfico.

ESTADO DE ALARMA. Situación anómala, motivada por catástrofes, crisis sanitarias, paralización de los servicios públicos o desabastecimiento de productos de primera necesidad; su declaración compete al Gobierno. En tales circunstancias, éste podrá decretar ciertas limitaciones a la circulación, requisas temporales, ocupaciones transitorias y racionamientos.

ESTADO DE EXCEPCIÓN. Situación anómala producida por la alteración grave del ejercicio de los derechos y libertades de los ciudadanos, del normal funcionamiento de los servicios públicos esenciales para la comunidad, o del orden público. El Gobierno, con la autorización previa del Congreso de los Diputados, podrá decretar para un período máximo de 30 días (prorrogables por igual plazo) la suspensión de derechos como: la libertad personal, la inviolabilidad de domicilio, el secreto de las comunicaciones, la elección de residencia, la libre circulación, las libertades de expresión e información, y los derechos de huelga y conflicto colectivo.

ESTADO DE SITIO. Situación anómala causada por la insurrección o acto de fuerza contra la soberanía o independencia del Estado, su integridad territorial o el ordenamiento constitucional. Su declaración corresponde al Congreso de los Diputados (por mayoría absoluta), a propuesta del Gobierno; y puede suspender el derecho a la libertad personal, las garantías jurídicas del detenido, el secreto de las comunicaciones, la elección de residencia, la libre circulación, las libertades de expresión e información, y los derechos de huelga y conflicto colectivo. El Congreso fija el ámbito territorial, la duración y las condiciones del estado de sitio.

ESTAFA. Delito contra la propiedad. El estafador se apodera, con engaño, de algo que es propiedad de otra persona. Equivale a lo que vulgarmente se denomina *timo*. El timo del «tocomocho», por ejemplo, que consiste en la venta de un décimo falso de lotería «premiado», es una estafa.

EUTANASIA. El hecho de causar voluntariamente la muerte del enfermo incurable con el fin de evitarle graves dolores es un delito contra la persona; si mediaran petición y consentimiento del enfermo, está tipificado como homicidio consentido.

EXTRAÑAMIENTO. Es la pena de expulsión del territorio español de un delincuente. El período de la pena de extrañamiento es de 12 años y un día a 20 años.

FALTA. Viene a ser el «delito leve»; es decir, la acción u omisión, dolosa o culposa, castigada por la Ley con pena leve (arresto menor, multa de hasta 100.000 pesetas, privación del permiso de circulación hasta tres meses y caución o fianza). El juicio de faltas es mucho más sencillo que el juicio ordinario por delitos.

FIDEICOMISO. Sistema de administración de un territorio por un Estado soberano, en virtud de un acuerdo especial, bajo la autoridad de la ONU.

En derecho civil, fideicomiso es una disposición testamentaria por la cual el testador deja o cede parte de su herencia a un sujeto, para que éste, a su vez, la transmita a otro sujeto o la invierta del modo señalado en el propio testamento, en beneficio del último.

FRAUDE DE LEY. Vulneración de una norma jurídica por actos que, aunque aparentemente amparados por ella, persiguen un resultado prohibido por la Ley o contrario a ella.

FUNCIONARIO. Persona incorporada a la Administración mediante una relación profesional y retribuida, regulada por el Derecho Administrativo.

HOMICIDIO. Delito contra la vida, que consiste en matar a una persona. Existen formas cualificadas y específicas de homicidio. (Véase «asesinato», «parricidio» y «suicidio».) El infanticidio es el delito contra la vida del recién nacido cometido por su madre o por los abuelos maternos con el fin de ocultar la deshonra de la madre.

HONOR. Se define en un doble sentido: como la conformidad de los actos con la norma moral, y como el concepto que tienen los demás de nuestras virtudes. Delitos contra el honor son la calumnia y la injuria.

En el ámbito civil, el honor (junto con la intimidad personal y familiar y la propia imagen) está protegido por la Constitución y por una ley orgánica. Contiene esta última una serie de prohibiciones: 1) instalar aparatos de escucha, de filmación, etc., para grabar o reproducir la vida íntima de otros; 2) divulgar hechos de la vida privada que afecten a la reputación o buen nombre de una persona; 3) revelar datos privados conocidos por la actividad profesional; 4) usar el nombre, la voz o la imagen de una persona, sin su permiso, para hacer publicidad...

Esta ley orgánica excluye de la prohibición la toma de imágenes de personas y cargos de la vida pública en actos públicos o lugares abiertos; o su caricatura, ajustada a los usos sociales.

HURTO. Delito contra la propiedad, que consiste en apoderarse de las cosas ajenas, sin violencia. Es decir, sin «fuerza en las cosas» y sin intimidar a las personas, pues, si media violencia, es robo.

IMPUESTO. Tributo exigido sin contraprestación, cuyo hecho imponible está constituido por negocios, actos o hechos de naturaleza jurídica o económica, que ponen de manifiesto la capacidad contributiva del sujeto pasivo, como consecuencia de la posesión de un patrimonio, la circulación de bienes o la adquisición o gasto de la renta.

INCESTO. Es un delito contra la libertad sexual, que consiste en la relación carnal entre parientes que no pueden casarse entre sí, cuando media engaño o abuso de superioridad o autoridad. El Código Penal señala que el sujeto pasivo está dentro de unos límites de edad: entre 12 y 18 años.

INDULTO. Medida de gracia, cuya concesión corresponde al Rey, y en virtud de la cual se perdona total o parcialmente la pena impuesta por una sentencia firme.

Tiene un sentido distinto de la «amnistía», ya que ésta lleva consigo el perdón o el olvido de un delito, al que se considera como no cometido.

INFRACCIÓN TRIBUTARIA. Según la Ley General Tributaria, es la acción u omisión tipificada y sancionada en la Ley, incluso a título de negligencia.

INHABILITACIÓN. Es una pena que lleva consigo la prohibición de ejercer u obtener cargos públicos o de ejercitar derechos civiles o políticos.

INJURIA. Es toda expresión o acción ejecutada en deshonra, descrédito o menosprecio de una persona. Se puede traducir al lenguaje vulgar como insulto. Requisito fundamental es el «animus iniuriandi», es decir, la voluntad de injuriar. Queda excluido el delito cuando existe «animus informandi» (el periodista suele pretender principalmente informar); o el «animus iocandi», que es la intención de bromear o hacer chistes.

La injuria grave, hecha por escrito y con publicidad, puede ser castigada con arresto mayor o destierro y con multa de 30 000 a 300 000 pesetas. Con la expresión «por escrito y con publicidad» se quiere dar a entender la injuria (o calumnia) difundida mediante impresos, o carteles fijados en sitios públicos, o proferida en reunión pública o por la radio o la televisión...

INVIOLABILIDAD PARLAMENTARIA. Privilegio del parlamentario. Supone que no podrá ser perseguido ante los tribunales por las opiniones expresadas en el ejercicio de sus funciones. Para decidir si la inviolabilidad ampara o no a un parlamentario, existe el procedimiento llamado «suplicatorio». Lo solicita cualquier tribunal y las Cortes lo conceden o lo deniegan, según estén o no amparados los hechos por la inviolabilidad.

LEY ORGÁNICA. Es una Ley de rango superior. La Constitución señala expresamente aquellas materias que deben regularse por Ley Orgánica. Debe ser aprobada por mayoría absoluta.

LIBERTAD DE EXPRESIÓN. Derecho del individuo a expresar sus pensamientos y opiniones, sin sujetarse a previa autorización o censura.

LIBERTAD DE INFORMACIÓN. Derecho del individuo a recibir y emitir información, sin consignas ni censura.

MALVERSACIÓN DE CAUDALES PÚBLICOS. Es un delito que consiste en el apoderamiento por parte de un funcionario público de caudales o efectos que se encuentran bajo su custodia o cuidado por razón de su cargo o función. También comete malversación quien conozca que algún funcionario está sustrayendo dinero público y lo consienta.

MATRIMONIO MIXTO. Según el Código de Derecho Canónico, el celebrado por dos personas bautizadas: una católica y otra afiliada a una religión cristiana protestante u ortodoxa.

MATRIMONIO RATO. Matrimonio canónico válido. Puede ser «consumado» o «no consumado», según haya habido o no cohabitación entre los esposos.

MULTIPROPIEDAD. Figura jurídica reciente. Es el derecho, no exclusivo, sobre un inmueble, que es disfrutado por el «multipropietario» durante el período del año natural previamente fijado para permitir el uso sucesivo de otros «multipropietarios».

NOCTURNIDAD. Ejecutar el acto delictivo de noche constituye una agravante en nuestro Código Penal.

OBEDIENCIA DEBIDA. El Código Penal exime de responsabilidad criminal al inferior que ejecuta una orden, lícita en apariencia, de un superior jerárquico.

ORDEN PÚBLICO. Concepto jurídico indeterminado, que convencionalmente engloba las nociones de seguridad, tranquilidad y sanidad públicas.

ORDENANZA. Es una norma que emiten los entes locales o agrupaciones del tipo de Municipios y Ayuntamientos. Es norma de rango inferior a la Ley y, por consiguiente, siempre ha de estar subordinada a ésta.

PARRICIDIO. Delito contra las personas. Dice el Código Penal: «El que matare a cualquiera de sus ascendientes o descendientes o a su cónyuge será castigado como reo de parricidio».

PATENTE. Título mediante el cual el Estado reconoce a una persona el derecho exclusivo de aplicar en la industria, por tiempo determinado, una invención, y comerciar con los objetos fabricados de acuerdo con ella.

PERSONA JURÍDICA. En principio, se considera persona jurídica a cualquier sociedad o asociación. Son entidades que tienen capacidad jurídica: es decir, son sujetos de derechos y obligaciones, pueden intervenir en el tráfico jurídico, etc. Son personas jurídicas: las corporaciones, asociaciones y fundaciones de interés público reconocidas por la Ley, y, además, las asociaciones privadas, civiles, mercantiles o industriales constituidas según la Ley.

PRESCRIPCIÓN. De ordinario indica la extinción de reponsabilidad, por el transcurso del tiempo. Si prescribe el delito, se extingue la responsabilidad penal. Puede prescribir también la posibilidad de reclamar un derecho o de exigir el pago de una deuda, tanto por parte del Estado como de los particulares. Existe, además, la prescripción adquisitiva, en virtud de la cual puede adquirirse un derecho real (la propiedad de una cosa, por ejemplo).

PREVARICACIÓN. Prevarica el juez que, a sabiendas, dicta sentencia contraria a la Ley. Por extensión, prevaricación es toda resolución judicial o administrativa conscientemente injusta. No es, pues, exclusiva de los jueces. Puede cometerla un funcionario público, o incluso un abogado o procurador con abuso malicioso de su oficio.

RAPTO. Delito que consiste en llevarse a una persona contra su voluntad y con la finalidad de atentar contra su libertad sexual. Esta última característica es esencial y distingue el rapto de la «detención ilegal» (que solemos llamar «secuestro»).

REBELDÍA. Un juicio «en rebeldía» es el que se celebra con ausencia del procesado, o, si es civil, con ausencia del demandado. Se encuentra, pues, en rebeldía la persona que es parte en un juicio y no acude al llamamiento del juez.

RECTIFICACIÓN. Una ley orgánica de 1984 reconoce el derecho de todos a rectificar la información, difundida por cualquier medio, de hechos que consideren inexactos y cuya divulgación puede causarles perjuicio.

Este derecho, compatible con otras acciones legales, se ejercita mediante escrito de rectificación dirigido al director del medio, y debe limitarse a los hechos que se desea rectificar. La inserción de dicho escrito es gratuita y debe tener relevancia similar a la información rectificada.

REDENCIÓN DE PENA. Reducción de la pena (un día por cada dos días de trabajo) que se aplica en las cárceles españolas a los reclusos condenados a las penas de reclusión, prisión y arresto mayor.

RESPONSABILIDAD CIVIL. Ciertos hechos jurídicos engendran determinadas obligaciones: por ejemplo, la obligación de indemnizar a la persona a la que se ha causado un daño físico o moral. Tales obligaciones nacen de actos u omisiones ilícitos en los que intervienen dolo o culpa.

Existe una responsabilidad civil subsidiaria, atribuida por el Código Penal a personas, entidades, organismos y empresas por delitos cometidos por sus empleados o dependientes en el desempeño de sus obligaciones o servicios.

En los medios de información, el director es responsable de cuantas infracciones se cometan en su medio, con independencia de las responsabilidades civiles o penales que puedan recaer en otras personas.

REVISIÓN (RECURSO DE). Con este recurso se pretende la anulación de una sentencia firme, basándose en ciertos motivos que fija la Ley y que fundamentalmente se refieren a la aparición de pruebas antes desconocidas que muestran de manera incontestable que es injusta la sentencia anterior.

ROBO. Es un delito contra la propiedad que se comete con violencia o intimidación contra las personas, o con fuerza en las cosas. En el hurto no hay violencia, y en la apropiación indebida la cosa objeto de apoderamiento está ya en posesión del delincuente.

SECRETO. El secreto oficial es establecido por la Administración y se aplica a materias que se denominan «clasificadas». Son éstas los asuntos, actos, documentos, informaciones, datos y objetos cuyo conocimiento por personas no autorizadas puede dañar o poner en peligro la seguridad y la defensa del Estado. El Código Penal Militar castiga la revelación de tales materias clasificadas.

El secreto profesional está protegido por el Código Penal, que tipifica como prevaricación las indiscreciones cometidas por los profesionales sobre datos revelados por funcionarios públicos.

El derecho al secreto profesional, reconocido por la Constitución y aún no regulado por Ley, ampara a los profesionales (entre ellos, a los periodistas) y les permite no revelar sus fuentes de información, ni siquiera ante los Tribunales u otras Autoridades.

SECUESTRO. Este delito recibe en la legislación española el nombre de «detención ilegal», y se comete deteniendo o encerrando a una persona contra su voluntad. (Véase «rapto».)

SEDICIÓN. Alzamiento público y tumultuario para conseguir por la fuerza o fuera de las vías legales alguno de los fines enumerados en el Código Penal: impedir la promulgación o la ejecución de las leyes, o la libre elección de cargos públicos, etc.

SOBRESEIMIENTO. Es la suspensión de las actuaciones judiciales; se archiva todo lo actuado y no se sigue el proceso. Se produce el sobreseimiento cuando es evidente la inocencia del procesado o cuando las pruebas son notoriamente insuficientes para apreciar la existencia de delito.

SUICIDIO. Acción y efecto de quitarse voluntariamente la vida. En nuestro ordenamiento no es una conducta delictiva. Sí lo son la inducción y la cooperación al suicidio.

SUMARIO. En Derecho penal, el sumario es la primera fase del proceso, y consiste en realizar todas las actuaciones necesarias para preparar el juicio, es decir, averiguar el sujeto o sujetos que cometieron el delito, interrogar testigos, realizar peritajes; en definitiva, investigar todas las circunstancias y particularidades que se desprenden de los hechos delictivos. También durante el sumario se adoptan las medidas preventivas o de precaución lógicas: prisión privisional, o embargos para posibles indemnizaciones.

TEXTO REFUNDIDO. Norma jurídica en la que se incluyen otras de igual rango, que regulan la misma materia y han sido dictadas aislada y sucesivamente.

TRATADO. Acuerdo que se celebra entre Estados o entre organizaciones internacionales (o entre unos y otras), y se regula por la Convención de Ginebra de 23 de mayo de 1969.

USUFRUCTO. Consiste en el derecho de disfrutar de los bienes cuya propiedad es de otra persona. El usufructuario debe tratar y conservar debidamente tales bienes, sobre los cuales el propietario mantiene sólo la «nuda» (desnuda) propiedad. Los usufructos vitalicios duran hasta la muerte del usufructuario. Al producirse ésta, el propietario recupera la plena propiedad de sus bienes. En las herencias, por ejemplo, el cónyuge viudo tiene derecho al usufructo de un tercio de los bienes, cuya nuda propiedad pertenece a los hijos del matrimonio.

VIOLACIÓN. Tras la reforma de Código Penal, de 1989, se considera violación el delito contra la libertad sexual del hombre o de la mujer, en cualquiera de estas formas: acceso carnal por vía vaginal, anal o bucal, cuando se usare fuerza o intimidación, el sujeto paciente se hallare privado de sentido o enajenado, o cuando fuere menor de doce años, aunque no concurriera ninguna de las anteriores circunstancias.

TÉRMINOS Y EXPRESIONES LATINOS

Aunque de uso relativamente frecuente en el lenguaje culto y en ciertos ámbitos (por ejemplo, el jurídico), entran sólo en contadas ocasiones en la lengua común. Conviene, en general, evitarlos. Cuando se usen, por considerar que son inteligibles y que, tal vez, con ellos mejora la calidad expresiva, es indispensable dar a continuación la versión española.

En latín no existía el acento gráfico, pero aquí lo indicamos para evitar errores de pronunciación. Van en cursiva las vocales que lo llevan en las palabras de tres o más sílabas, pues las de dos eran siempre llanas.

Incluimos una breve lista de tales términos y su traducción.

ab abs*u*rdo	por lo absurdo
ab aet*e*rno	desde la eternidad
ab in*i*tio	desde el comienzo
ab intest*a*to	sin testamento

ad calendas graecas	por o hasta las calendas griegas
ad limina	a los umbrales
ad litteram	a la letra
ad multos annos	por muchos años
ad pedem litterae	al pie de la letra
ad usum	según el uso
alea jacta est	la suerte está echada
alter ego	otro yo
ante meridiem	antes del mediodía
a posteriori	posteriormente
a priori	anticipadamente
bona fide	de buena fe
casus belli	caso de guerra
corpore insepulto	de cuerpo presente
corpus delicti	el cuerpo del delito
de facto	de hecho
de iure	de derecho
de motu proprio	por propia iniciativa
deo juvante	con la ayuda de Dios
de visu	por haberlo visto
dies irae	día de la ira
divide et vinces	divide y vencerás
do ut des	doy para que des
dura lex, sed lex	dura es la ley, pero es la ley
ego sum qui sum	yo soy el que soy
ex aequo	por igual
exempli gratia	por ejemplo
fiat lux	hágase la luz
fiat voluntas tua	hágase tu voluntad
finis coronat opus	el fin corona la obra
grosso modo	aproximadamente
hic et nunc	aquí y ahora
homo homini lupus	el hombre es un lobo para el hombre
in actu	en acto
in aeternum	para siempre
in albis	en blanco
in extremis	en el último momento
in medio (stat) virtus	en el medio está la virtud
in situ	en el sitio
inter nos	entre nosotros

inter vivos	entre vivos
lapsus	error
lato sensu	en sentido lato
magister dixit	lo dijo el maestro
mea culpa	por mi culpa
modus operandi	modo de obrar
modus vivendi	modo de vivir
mutatis mutandis	cambiado lo que haya que cambiar
nihil obstat	nada se opone
non decet	no conviene
nosce te ipsum	conócete a ti mismo
nulla dies sine linea	ningún día sin línea
panem et circenses	pan y juegos en el circo
peccata minuta	errores leves
per accidens	accidentalmente
per capita	por cabeza
per fas et nefas	por lo lícito y lo ilícito
prima facie	a primera vista
primus inter pares	primero entre iguales
pro domo sua	para su casa
sine die	sin fijar día
sursum corda	arriba los corazones
tolle, lege	toma, lee
urbi et orbi	a la urbe y al orbe
ut supra	como arriba
vade retro	retírate
velis nolis	quieras o no
vox populi, vox dei	voz del pueblo, voz de Dios

TÉRMINOS Y EXPRESIONES MILITARES

Incluimos este apéndice con la exclusiva finalidad de facilitar la traducción de determinados términos y expresiones que solamente pueden hallarse en libros especializados.

Versión extranjera	Versión española
Admiral of the Fleet	Capitán general de la Armada
Air Chief Marshal	Teniente general
Air Commodore	General de brigada

Versión extranjera	Versión española
Aircraft Carrier	Portaaviones
Airman	Soldado del Ej. del Aire
Air Staff (EE.UU.)	Estado Mayor Gral. del Aire
Air Vice Marshal (G.B.)	General de División
Ammiraglio de divisione	Vicealmirante
Armor (G.B.)	Arma acorazada
Army Attaché (G.B.)	Agregado militar
Battleship	Acorazado
Blitzkrieg	Guerra relámpago
Bundeswehr	Ejército Federal
Bunker	Fortín
Brigadier (G.B.)	General de brigada
Caporale (It.)	Cabo segundo
Central General Staff	Estado Mayor Central
Chief Warrant (G.B.)	Alférez
Commandant (G.B.)	Comandante
Commander (G.B.)	Capitán de fragata
Command Headquarters	Comandancia
Condottiero	Mercenario
Field Marshal (G.B.)	Mariscal de campo
First Leutenant (G.B.)	Teniente
General Staff	Estado Mayor
Hauptmann (Al.)	Capitán
Headquarters	Cuartel general
Heavy Cruiser	Crucero pesado
Kapitanleutnant (Al.)	Teniente de navío
Konteradmiral (Al.)	Vicealmirante
Lance Sergeant (G.B.)	Cabo primero
Leutnant (Al.)	Alférez
Leutnant zur See (Al.)	Alférez de fragata
Lieutnant (Fr.)	Teniente
Machine Gun	Ametralladora
Major	Comandante
Major General (EE.UU.)	General de brigada
Major General (G.B.)	General de división
Maresciallo (It.)	Suboficial
Marine	Infante de Marina
Marshal (G.B.)	Mariscal

Versión extranjera	Versión española
Master Sergeant (EE.UU.)	Brigada
Minelayer	Barco minador
Minesweeper	Dragaminas
Officers (EE.UU.)	Oficiales
Platoon	Pelotón
Raid	Incursión
Rear Admiral (EE.UU. y G.B.)	Contraalmirante
Second Lieutenant (G.B.)	Alférez
Sergeant (EE.UU.)	Cabo primero
Sergeant (G.B.)	Sargento
Sergeant First Class (EE.UU.)	Sargento
Signal Corps (EE.UU.)	Cuerpo de transmisiones
Sottocapo (It.)	Cabo primero
Sottotenente (It.)	Alférez
Squad (EE.UU.)	Escuadra
Task Force	Fuerza operativa
Tenente	Teniente
Vice Admiral (EE.UU. y G.B.)	Vicealmirante
Warrant Officer	Subteniente
Wing Commander (G.B.)	Teniente Coronel

VOCABLOS EQUÍVOCOS. INSULTOS

Tanto en España como en Hispanoamérica se usan con bastante frecuencia palabras de suyo inocentes, con ánimo de insultar o con doble sentido, generalmente obsceno. Conviene conocerlas para no caer en la ingenuidad de emplearlas, sobre todo en contextos en que el equívoco puede producirse más fácilmente.

Para simplificar, en la relación que incluimos más abajo, señalamos con (E) las palabras usadas en España y con (H) las usadas en Hispanoamérica; bien entendido que para incluirlas en este último apartado nos basta su empleo en dos o más Repúblicas del Nuevo Mundo.

ACABAR (H). Llegar al orgasmo.
AMUEBLADO (H). Casa de citas.
ARRECHO (H). Salido.
ATRÁS (DAR POR) (E), (H). Realizar el acto homosexual.

BANDO (DEL OTRO) (E), (H). Homosexual.
BOLAS (E), (H). Testículos.

CABRÓN (E), (H). Marido engañado.
CALIENTE (ESTAR) (E), (H). Estar excitado sexualmente.
CAPOTE (H). Condón.
CARAJO (E). Pene.
COGER (H). Copular con una mujer.
COJUDO (H). Equivalente a *cojonudo*. Es insulto.
CONCHA (H.) Órgano sexual femenino. Insulto.
CUERNOS (PONER LOS) (E), (H). Ser infiel la mujer casada.
CULEAR. (H) Realizar el coito.

CHOTO (H). Órgano sexual femenino.
CHUCHA (H). Órgano sexual femenino.

FUNDA (H). Condón.

HOYO (H). Órgano sexual femenino.
HUEVÓN (H). Insulto.
HUEVOS (E), (H). Testículos.

IRSE (E), (H). Eyacular

JODER (E), (H). Realizar el coito.

LECHE (E), (H). Semen.
LOCA (E), (H). Invertido.

MADRE (H). Palabra tabú. A la madre se le llama *mamá*.
MAMADA (E), (H). Masturbación con la boca.
MARICÓN (E), (H). Homosexual masculino.
MICO (H). Órgano sexual femenino.
MONTAR (H). Realizar el coito.

PAJA (E), (H). Masturbación.
PAJERO (H). Masturbador.
PALO (ECHAR UN) (H). Realizar el coito.
PALOMA (H). Órgano sexual masculino.
PENDEJO (E), (H). Vello de los órganos sexuales.

PICHA (E), (H). Órgano sexual masculino.
PIJA (E), (H). Órgano sexual masculino.
PIJO (E), (H). Órgano sexual masculino.
PINCHAR (H). Copular con una mujer.
PINGA (H). Órgano sexual masculino.
PISAR (H). Realizar el coito.
PITO (E), (H). Órgano sexual masculino.
POLVO (ECHAR UN, PEGARSE UN) (E), (H). Realizar el coito.
POLLA (E), (H). Órgano sexual masculino.
PURGACIONES (E), (H). Enfermedad venérea.

QUILOMBO (H). Prostíbulo.

SOBO (E), (H). Caricias sexuales.

TELA (H). Himen.
TIRAR(SE) (E), (H). Realizar el coito.
TORTILLERA (E), (H). Lesbiana.

ZORRA (E), (H). Prostituta.

BIBLIOGRAFÍA

ACADEMIA ESPAÑOLA: *Diccionario de la lengua española*, 21.ª edición, Madrid, 1992.

–*Diccionario manual e ilustrado de la lengua española*, Madrid, Espasa-Calpe, 1989.

–*Esbozo de una nueva gramática de la lengua española*, Madrid, Espasa-Calpe, 1973.

–*Ortografía*, 2.ª ed. corr. y aum., Madrid, 1974.

AGENCIA EFE: *El idioma español en el deporte*, Logroño, Gob. de la Rioja, 1992.

–*Manual de español urgente*, Madrid, Cátedra, 1991.

ALVAR EZQUERRA, J. M. Y A. MIRÓ DOMÍNGUEZ: *Diccionario de siglas y abreviaturas*, Madrid, Alhambra, 1983.

BELLO, Andrés: *Gramática de la lengua castellana,* Madrid, EDAF, 1984.

BENITO, Ángel: *Diccionario de ciencias y técnicas de la comunicación,* Madrid, Ediciones Paulinas, 1991.

CASARES, Julio: *Cosas del lenguaje*, Madrid, Espasa-Calpe, 1961 (Colección Austral).

CLAUDÍN, Víctor, y Héctor ANARBITARTE: *Diccionario general de la comunicación*, Barcelona, Mitre, 1988.

Diccionario de dudas y dificultades del idioma, Barcelona, Sopena, 1981.

Dictionnaire de la Télévision, París, Larousse, 1967.

FUNDACIÓN TOMÁS MORO: *Diccionario jurídico*, Madrid, Espasa-Calpe, 1991

GARCÍA YEBRA, Valentín: *Teoría y práctica de la traducción*, Madrid, 1982.

GILI GAYA, Samuel: *Diccionario de sinónimos*, Barcelona, Biblograf, 1975.

HILLS, George: *Los informativos en radiotelevisión*, Madrid, IORTV, 1981

LÁZARO CARRETER, Fernando: *Diccionario de términos filológicos*, Madrid, Gredos, 1987.

LOZANO IRUESTE, J. Mª.: *Diccionario bilingüe de economía y empresa*, Madrid, Pirámide, 1991.

MARTÍNEZ AMADOR, Emilio: *Diccionario gramatical*, Barcelona, Sopena, 1987.

MARTÍNEZ DE SOUSA, José: *Diccionario de ortografía*, Madrid, Anaya, 1985.

MILLERSON, Gerald: *Técnicas de realización y producción en televisión*, Madrid, IORTV, 1985.

MOLINER, María: *Diccionario de uso del español*, Madrid, Gredos, 1983.

MOTA, Ignacio H. de la: *Diccionario de la comunicación*, Madrid, Paraninfo, 1988.

NAVARRO TOMÁS, T.: *Manual de pronunciación española*, Madrid, C.S.I.C., 1972.

PAÍS, El: *Libro de estilo*, Madrid, 1990.

PÉREZ CALDERÓN, Miguel: *Libro de estilo de los servicios informativos de TVE*, Madrid, IORTV, 1985.

PRIETO, Florencio: *Diccionario terminológico de los medios de comunicación*, Madrid, Fundación Germán Sánchez Ruipérez, 1991.

RTVE-RADIO NACIONAL DE ESPAÑA: *Manual de estilo para informadores de radio*, Madrid, 1980.

SANTANO Y LEÓN, Daniel: *Diccionario de gentilicios y topónimos*, Madrid, Paraninfo, 1981.

SAPIR, Edward: *El lenguaje*, México, Fondo de Cultura Económica, 1971.

SAUSSURE, Ferdinand de: *Curso de Lingüística general*, Buenos Aires, Losada, 1972.

SECO, Manuel: *Diccionario de dudas y dificultades de la lengua española*, Madrid, Espasa-Calpe, 1986.

STEEL, Brian: *Diccionario de americanismos*, Madrid, SGEL, 1990.

ÍNDICE ALFABÉTICO

COLECCIÓN LABOR